Dalai Lama

Zeiten des Friedens

HERDER / SPEKTRUM
Band 4065

Das Buch

Der innere Friede ist die Voraussetzung auch für den äußeren Frieden. Und wir alle können ihn erlangen, wenn wir uns darauf einlassen, nicht zu hassen, sondern zu lieben und dem Streben nach Glück wirklich nachzugeben. Der XIV. Dalai Lama, Friedensnobelpreisträger und einer der großen spirituellen Führer unserer Zeit, hat dieser Überzeugung immer wieder Ausdruck verliehen. Handeln und Meditation gehören für ihn zusammen. Ihm gelingt es, die Sensibilität für die universale Verantwortung der Menschen zu wecken: für alle Lebewesen, die existieren, für die Gestaltung dieser Erde. Seine Stimme zählt um so mehr, als er auch die Unabhängigkeitsbestrebungen von Tibet immer wieder zur Gewaltlosigkeit ermahnt: trotz der großen Ungerechtigkeiten und der Gewalt, die seinem kleinen Land von China angetan wurde und wird. Der Dalai Lama, der in einer langen Reihe seiner Vorgänger zu sehen ist, aber in besonderer Weise immer den Dialog mit der Kultur des Westens gesucht hat, hat auch seinen westlichen Lesern Wesentliches zu sagen und Impulse zu geben für eine Grundfrage, die viele bewegt: wie in einer Zeit der Ruhelosigkeit und des Unfriedens innerer Frieden und Gelassenheit gelebt werden können.

Der Autor

Der XIV. Dalai Lama Tendsin Gyatso, geboren 1935, ist weltweit bekannt als spiritueller Führer. Er verkörpert die buddhistische Tradition der Gewaltlosigkeit und ist Träger des Friedensnobelpreises. Zahlreiche Veröffentlichungen.

Der Herausgeber

Erhard Meier, Dr. theol., Religionswissenschaftler, Dozent, lebt in Burgdorf. Zahlreiche Publikationen u. a. im Herder Taschenbuchverlag.

Dalai Lama

Zeiten des Friedens

Herder
Freiburg · Basel · Wien

Originalausgabe

Herstellung: Freiburger Graphische Betriebe 1992
Umschlaggestaltung: Joseph Pölzelbauer
Umschlagmotiv: Kaii Higashiyama, Stiller Weiher, 1983

ISBN 3-451-04065-4

INHALT

VORWORT

Der XIV. Dalai Lama Tendsin Gyatso wurde am 6. Juli 1935 in Taktser im Nordosten Tibets, in der Provinz Amdo, geboren. Seine Eltern waren Kleinbauern, unabhängig von Gutsherren. Sein Geburtsname war Lhamo Thöndup. Die Bezeichnung „Tendsin Gyatso" ist ein Beiname des Titels „Dalai Lama", der etwa „Ozean der Weisheit" bedeutet.

Das Kind wuchs unter zahlreichen Geschwistern auf. Die Familie ernährte sich von Feldfrüchten und Viehwirtschaft und hatte eine solide, aber keine üppige Lebensgrundlage. Es ist Regel bei der Auffindung eines Dalai Lama, daß der Stand der Familie, in der das Kind als Wiedergeburt aufgefunden und nach zahlreichen Prüfungen bestätigt wird, keine Rolle spielt. Eine Wiedergeburt lokalisiert sich unter gänzlich anderen Kriterien als unter denen des gesellschaftlichen Standes einer Familie. So kann ein Dalai Lama sich unter ärmsten Verhältnissen reinkarnieren wie auch gleichermaßen in einer reichen Familie: Der äußere Stand spielt nicht die geringste Rolle. Die Kriterien sind rein geistiger Art und für den Außenstehenden nicht leicht erkennbar. In der Autobiographie wird der Vorgang des Auffindens, Prüfens und Bestätigens des Dalai Lama ausführlich beschrieben.

Auch wenn man als Europäer seine Schwierigkeiten mit der Vorstellung der Wiedergeburt haben mag, muß man nach genauem Studium der entsprechenden Lehren anerkennen, daß diese Vorstellungen ihre tiefe Begründung in einer sehr alten Geistestradition haben.

Seine Mutter beschreibt der Dalai Lama als sehr gütig und geduldig, den Vater als jemanden, der zum Jähzorn neigte. In seinem Vortrag in Hamburg am 6. Oktober 1991 sagte er zu diesem Punkt, daß er in seinem ersten Lebensabschnitt mehr die Neigung des Vaters gehabt habe, nun aber im zweiten Abschnitt überwiegend die der Mutter zu verwirklichen suche. Es ist beeindruckend, auf welcher einfachen, klaren, menschlichen Ebene es dem Dalai Lama gelingt, höchste Erkenntnisse aufzuzeigen und diese in das konkrete, scheinbar banale menschliche Dasein mit einzubeziehen. Der Leser wird in den folgenden Texten genügend davon erfahren. So spielen der Gedanke und die Geisteshaltung der Güte in der Religion, in der Philosophie und in der Persönlichkeit des großen Tibeters eine zentrale Rolle.

Im Jahr 1940, also mit fünf Jahren, wurde der Dalai Lama offiziell, nach langen Überprüfungen und Beratungen, auf den Thron des Schnee-Löwen gehoben und als Oberhaupt Tibets eingesetzt. Die Zeremonie fand statt im Potala-Palast in der „Halle aller guten Taten der irdischen und überirdischen Welt".

In den folgenden Jahren genoß er eine umfangreiche Ausbildung und Erziehung, erlernte die verschiedenen Denkrichtungen der buddhistischen Philosophie, die verschiedenen Traditionen und die zahlreichen Schriften und verschiedenen Sprachen. Schwerpunkte des Studiums im Buddhismus sind gleichwertig die intellektuelle Ausbildung wie die Geistesschulung: Meditation, Achtsamkeits-Übungen, moralische Bildung zur Vermeidung von Gier, Haß und Verblendung und Einübung von Güte, Mitleid, Mitfreude und Geduld.

Die Wiedergeburt eines Dalai Lama wie allgemein eines erfahrenen buddhistischen Lamas (Lama = geistlicher Lehrer) oder geübten Yogis (meist die Einsiedler) bedeutet, daß das heranwachsende Kind zunächst ein gänzlich neuer Mensch ist. Nur keimhaft sind die geistigen Prinzipien angelegt, die es in seinem vorangegangenen Leben erarbeitet hat; Grundlagen tiefer geistiger Schauung, die nicht zu verwechseln sind mit einer rein intellektuellen Bildung des Geistes, die das Geist-Prinzip jedoch latent mit beinhaltet. Das Kind hat keine oder wenig konkrete Erinnerung an seine frühere Existenz, sondern lediglich eine innere Gewißheit und Vertrautheit mit jenem verstorbenen Menschen, dem XIII. Dalai Lama, der er zuvor einmal gewesen war. Auch erlangt der neue Mensch sehr bald die ehemaligen Fähigkeiten und Kenntnisse durch Übung wieder zurück. Im übrigen ist er zunächst ein neuer Mensch mit denjenigen Anlagen, die er von den leiblichen Eltern genetisch geerbt hat. Das rein geistige Erbe, die primordiale Geist-Substanz, stammt von seiner früheren Existenz. Nach langer Zeit der Ausbildung und Geistesschulung erlangt er seine Identität, sein wahres Wesen wieder zurück.

Die Wiederauffindung des Kindes, das die Reinkarnation des Dalai Lama ist, wird in der Autobiographie beschrieben (Das Buch der Freiheit; s. Literatur-Liste). Im allgemeinen gilt, daß der Dalai Lama gleichermaßen ein Mensch ist wie ebenso der Bodhisattva Avalokiteshvara (tibetisch: Chenrezig), der seinerseits eine der Formungen des historischen Buddha Shakyamuni selbst ist. Alle drei Erscheinungen sind identisch und verschiedene Aspekte des einen Buddha-Wesens.

Der Bodhisattva Avalokiteshvara gilt insbesondere als Verwirklicher der Güte, der Freundlichkeit und des Erbarmens. Andere Bodhisattvas verkörpern weitere Geist-Qualitäten.

Im Buddhismus sind das Sakrale und Profane nicht getrennt, sondern beide sind eine Wirklichkeit. Deshalb ist der Dalai Lama in herausragender Weise sowohl ein Heiliger und Buddha als auch ein Mensch, ein „einfacher Mönch", wie er sich selbst gerne bezeichnet.

Aufgrund politischer Ereignisse im 16. Jahrhundert kristallisierte sich die Institution der Dalai Lamas heraus. Seitdem anerkennen alle Tibeter den Inhaber dieses Titels als geistliches und politisches Oberhaupt ihres Gemeinwesens. Innerhalb des tibetischen Buddhismus gibt es vier Hauptrichtungen buddhistischer Lehre und Praxis, die Richtungen Nyingmapa, Kagyüdpa, Sakhyapa und Gelugpa. Die Gelugpa-Richtung ist im 16. Jahrhundert die bedeutendste geworden und stellt seitdem die Reihe der Dalai Lamas. Die anderen Richtungen sehen sich mit den Gelugpa in grundsätzlicher Übereinstimmung.

Für die Tibeter ist der Dalai Lama nicht nur ein Oberhaupt ihres Volkes, sondern die Verkörperung ihres Glaubens, ihrer Hoffnungen, ihres Vertrauens, ihrer Frömmigkeit und ihrer meist ärmlichen, doch geistig reichen Lebensweise. Deshalb ist das Schicksal des Volkes der Tibeter untrennbar verknüpft mit der Existenz und den Unterweisungen des Dalai Lama.

Als im Jahr 1950 die chinesische Armee in Tibet einmarschierte, wurden die Tibeter völlig überrascht und fanden sich gänzlich hilflos gegenüber einer militärischen Übermacht und Gewalt, gegen die sie nichts aufbieten konnten. Der Dalai Lama schildert das entscheidende Ereignis so: „Es war fast schon am Abend, und ich wohnte gerade einer der Aufführungen bei (eine tibetische Opern-Aufführung; der Verfasser), als ich einen Boten in meine Richtung laufen sah. Als er meine Tribüne erreichte, brachte man ihn sofort zu Tadrag Rinpoche, dem Regenten, der auf der anderen Seite der Tribüne saß. Ich verstand sofort, daß irgend etwas nicht in Ordnung war. Unter normalen Umständen wären Regierungsangelegenheiten auf die nächste Woche verschoben worden ... Ich konnte sein Gesicht deutlich sehen. Als er den Brief las, wurde er sehr ernst. Nach wenigen Minuten stand er auf, ging hinaus und gab Anweisungen, den Kashag einzuberufen" (Buch der Freiheit, 60f).

Der Kashag ist der oberste Rat der Regierung. Die fragliche Nachricht besagte, daß ein chinesischer Überfall auf einen tibetischen Wachtposten unternommen worden war und daß dabei der verantwortliche tibetische Offizier getötet worden war. Dies war die erste ernst zu nehmende Grenzverletzung, auf welche die endgültige Besetzung Tibets folgte. Mit der Überschreitung der Grenze von Chamdo durch eine chinesische Armee von achtzigtausend Mann begann die Tragödie der Leiden Tibets, die von den chinesischen kommunistischen Machthabern als die „friedliche Befreiung" Tibets gepriesen wurde.

Seit der Besetzung Tibets geschehen und geschahen immer wieder Übergriffe von seiten der chinesischen Kommunisten, die in der Bandbreite zwischen „äußerst grausam" über „höchst taktlos" bis „unglaublich" anzusiedeln sind. So wurde z.B. der Bruder des Dalai Lama, selbst ein hochgestellter Abt eines berühmten Klosters, unter Druck gesetzt, er solle ihn überreden, mit den Chinesen (= chinesische Regierung) zusammenzuarbeiten, um sein eigenes Volk zu „befreien". Wenn ihm dies nicht gelänge, solle er seinen eigenen Bruder umbringen, wofür er dann belohnt werden würde. Solche Gedankengänge sind insofern unglaublich und verwunderlich, als man hätte wissen müssen, daß ein gläubiger Buddhist sich grundsätzlich nicht gestattet, Leben zu nehmen. Der Gedanke, gar den eigenen Bruder zu töten, zudem noch den Dalai Lama, und darüber hinaus noch zu meinen, ein gläubiger Buddhist und Abt könnte solches tun um eines eigenen Vorteils willen, ist gänzlich grotesk.

Der Dalai Lama achtete Mao Tse Tung als Menschen. Aber als dieser einmal dem Dalai Lama mitteilte, dieser habe sonst gute Ansichten, aber die Religion sei ein Gift, war schlagartig klargeworden, daß der Vorsitzende sich zu einem Feind der Tibeter auch dadurch machte, daß er deren innerste Geistigkeit und Identität verwarf und bekämpfte. Der Dalai Lama beschreibt sein Entsetzen bei diesen Worten Maos, die auch darauf hindeuteten, daß Mao das Interesse des Dalai Lama am wissenschaftlichen Fortschritt mißdeutete und den Kern des tibetischen Geistes, das untrennbare Anhängen an der Philosophie und Religion des Buddha, überhaupt nicht erkannt hatte. Trotz aller Rückschläge und skandalösen Übergriffe bemühte sich der Dalai Lama in den Jahren nach dem chinesischen Einmarsch immer wieder um Verständnis und womöglich um Zusammenarbeit, um Achtung vor den einzelnen chinesischen Menschen. So schreibt er: „Trotz der Tatsache, daß ich meine Meinung über Mao revidieren mußte, fand ich noch immer, daß er ein großartiger Führer und vor allem auch ein aufrichtiger Mensch war. Er war nicht hinterlistig. Ich war deshalb davon überzeugt, daß, solange seine Beamten in Tibet seine Anweisungen ausführten, und vorausgesetzt, daß er sie fest in der Hand hatte, es gute Gründe gab, optimistisch zu sein. Außerdem war ich der Überzeugung, daß eine positive Haltung das einzig Vernünftige war. Es war sinnlos, eine negative Einstellung zu hegen; das macht eine schlechte Lage nur noch schlimmer" (Buch der Freiheit, 117).

Diese Einstellung war in all den Jahren immer wieder Grundlage des Denkens und Handelns des Dalai Lama, obwohl es grausame Bestrafungen gab. Widerständler wurden öffentlich ausgepeitscht und hingerichtet: Bisweilen mußten die Auspeitschungen von den Kindern der Opfer selbst ausgeführt werden. Öffentliche Verhöre wurden durchgeführt, bei denen der Widerstandskämpfer so an einem Seil aufgehängt wurde, daß die Schultergelenke ausgerenkt wurden. „Wenn das Opfer schließlich gänzlich hilflos ist und vor Schmerzen schreit, wird das Publikum – einschließlich Frauen und Kinder – eingeladen, ihm noch weitere Verletzungen zuzufügen. Die Chinesen dachten offenbar, daß dies genügen würde, um jemanden umzustimmen, und benutzten dieses Verfahren deshalb als Hilfsmittel für die politische Umerziehung" (Buch der Freiheit, 123).

Jahrelang konnte der Dalai Lama Berichte über solche und schlimmere Grausamkeiten nicht glauben, bis 1959 ein internationaler Juristenkongreß einen offiziellen Bericht über diese unvorstellbaren Dinge verfaßte.

Auch in Lhasa, dem Sitz des Dalai Lama, spitzte sich die Lage mehr und mehr zu. Schließlich hatte man den berechtigten Verdacht, daß der Dalai Lama direkt getötet werden sollte, und zwar zusammen mit Tausenden von Tibetern, die sich um seinen Palast versammelt hatten, um ihn zu schützen. Nachdem alle Vertrauten ihm dringend zuredeten zu fliehen, befragte der Dalai Lama ein letztes Mal das Orakel. Der in Trance sprechende Mönch rief eindeutig: „Geh! Geh! Heute abend noch!"

Die genau geschilderte Flucht ist sehr dramatisch und

mit vielen Schwierigkeiten verbunden. Sie mußte von den engsten Vertrauten genauestens durchdacht werden. U. a. war es höchst wahrscheinlich, daß die Chinesen eine Flucht des Dalai Lama vorausahnten und entsprechende Vorkehrungen getroffen hatten, um sie zu vereiteln. Denn die Situation war auch dermaßen zugespitzt, daß man einen Gewaltakt gegen die Menschenmenge, die sich um den Palast versammelt hatte, sowie zugleich gegen die Palastbewohner und den Dalai Lama befürchten mußte. Wie sollten fliehende Personen durch die riesige Menschenmenge hindurchgelangen? Außerdem waren überall chinesische Spitzel, die jedes geflüsterte Wort wahrnehmen und weiterleiten konnten.

Der Dalai Lama beschreibt u. a. auch diese beeindruckende Szene: „Bei Einbruch der Dunkelheit ging ich zum letztenmal in den Meditationsraum, der Mahakala, meiner persönlichen Schutzgottheit, geweiht ist. Als ich den Raum durch die schwere, knarrende Tür betrat, hielt ich kurz inne, um aufzunehmen, was ich vor mir sah: Eine Gruppe von Mönchen saß vor einer großen Statue des Beschützers und rezitierte Gebete. Es gab in diesem Raum kein elektrisches Licht, nur das Leuchten von Dutzenden von Butterlampen, die in goldenen und silbernen Schalen aufgereiht waren. Die Wände waren mit zahlreichen Fresken bedeckt. Auf einem Teller auf dem Altar lag ein Häufchen Tsampa als Opfergabe. Ein Diener, dessen Gesicht halb beschattet war, beugte sich über einen großen Topf voller Butter, womit er die Schalen nachfüllte. Niemand schaute auf, obwohl ich mir sicher war, daß sie mein Kommen vernommen hatten. Rechts von mir nahm ein Mönch die großen Becken in die Hand, während ein anderer ein Horn an den Mund setzte und einen langen, düsteren Ton blies. Dann erschallten die Becken, und ihr vibrierender Ton klang noch lange nach; ein wohltuender Klang.

Ich ging nach vorn und überreichte der Gottheit einen Katag, die weiße Seidenschleife. Dies ist eine traditionelle tibetische Abschiedsgeste und mehr als eine Opfergabe. Dadurch kommt auch die Absicht zum Ausdruck, wieder zurückzukehren. Ich verbrachte noch einige kurze Augenblicke in stillem Gebet ... Bevor ich den Meditationsraum verließ, setzte ich mich noch kurz hin, um aus Buddhas Sutras zu lesen. Ich las bis zu der Stelle, wo von der Notwendigkeit, Zuversicht und Mut zu entwickeln, die Rede ist." (Buch der Freiheit, 177 f)

Bald nach der Flucht aus dem Norbulingka-Palast, in dem der Dalai Lama zuletzt geweilt hatte, schossen die Chinesen mit Granatfeuer auf den Palast und auf die wehrlose Menschenmenge, die sich weiterhin dort befand.

*

Die Haltung des Dalai Lama vom Exil aus bestand darin, daß er alles tun wollte, um weiteres Blutvergießen in Tibet zu vermeiden, d. h. ein möglichst fairer Verhandlungspartner für die chinesische Regierung zu sein. Zugleich war es seine Absicht, die Freiheit für Tibet wiederzuerlangen. In einem Gespräch über dieses Thema, das zwischen Pandit Nehru und ihm stattfand, soll Nehru sehr heftig reagiert haben, indem er meinte, es sei unmöglich, einerseits die Freiheit für Tibet zu erlangen und andererseits Blutvergießen zu vermeiden.

Die Kriegshandlungen der Chinesen gegen die Tibeter waren bald so heftig geworden, daß Abertausende von Tibetern nach Indien flohen. In Tibet selbst kamen nach offiziellen Schätzungen siebenundachtzigtausend Menschen ums Leben, außerdem viele Ungezählte, die durch Selbsttötung und Folter endeten. Von den Fliehenden starben wiederum Tausende durch Chinesen, auch aufgrund von Unterernährung, Krankheit und Kälte. Diejenigen, die in Indien heil angekommen waren, erlitten teils schwere gesundheitliche Schäden durch die ungewohnt starke Sonnenstrahlung und Wärme. Auch litten sehr viele unter Krankheiten, die in Tibet selbst völlig unbekannt waren. Tuberkulose verbreitete sich epidemieartig und kostete viele Leben.

Am 20. Juni 1959 gab der Dalai Lama in Mussoorie eine Pressekonferenz, an der eine internationale Journalisten-Runde teilnahm. Er erklärte das von den Chinesen seit langem mehrfach durch Gewalt gebrochene 17-Punkte-Abkommen zwischen Tibet und China für ungültig und schilderte die Gewaltakte und Greueltaten gegen die tibetische Bevölkerung. Zugleich aber unternahm die chinesische Regierung eine umfassende und unfaire, lügenhafte Propaganda zu ihren Gunsten, so daß das Bewußtsein der Weltöffentlichkeit doch nicht so klar die wahre Tragweite der Leiden der Tibeter erkannte.

Heute hat man durch die blutigen Ereignisse auf dem Tiananmen-Platz in Peking 1989 den letzten Beweis dafür, wie grausam jedes Freiheitsstreben von den chinesischen Kommunisten niedergemetzelt wird. In der verbotenen und beachtenswerten Freiheitsbewegung außerhalb des Landes gibt es unter den Chinesen seit langem den Gedanken und die Absichtserklärung, daß im Falle der Errichtung einer Demokratie in China den Tibetern ihre Autonomie zurückerstattet werden soll.

Seit der Errichtung der Exilregierung in Nordindien gab es für die Sache der Tibeter zahlreiche Rückschläge durch ungünstige, offizielle Stellungnahmen von seiten der meisten Regierungen. Diese sind vor dem Hintergrund zu sehen, daß man sich die diplomatischen Verbindungen mit China aus rein ökonomischen Gründen nicht erschweren will zugunsten eines ärmlich lebenden Volkes, das ökonomisch kaum etwas Interessantes für die Weltwirtschaft und für den äußeren Wohlstand der Völker zu bieten hat. Hierbei wird verkannt, daß wahrer Wohlstand nur heißen kann, daß Geist und Leib gleichermaßen heilsam genährt werden. So könnte der m. E. unerschöpfliche Reichtum des Geistes, die Wissenschaft von Geist und Seele, Leben und Tod, Diesseits und Jenseits, Herz und Intellekt, wie man sie in der tibetischen Tradition finden kann, einen wichtigen Beitrag leisten für das gedeihliche Zusammenleben der Menschheit auf dem kostbaren Juwel, dem Planeten Erde.

Durch internationale Organisationen wie die UNO und die Internationale Juristenkommission in Genf ist mehrfach die Verletzung der Menschenrechte durch die Chinesen (allgemein und gegen die Tibeter) bestätigt worden, so daß die Staaten der Erde Kenntnis davon haben, wie tragisch die Schicksale von Hunderttausenden von Tibetern verlaufen sind und noch verlaufen. Trotz dieser Kenntnis wird der Dalai Lama, der für sein Volk um diplomatische Hilfe bittet, von einigen Regierungschefs der reichen Industrieländer nicht persönlich angehört, aus Opportunität gegenüber dem wirtschaftlichen Handelspartner China, mit dem man gute Geschäfte macht. Es wird dabei zum Schaden aller Beteiligten übersehen, wie dringend notwendig für den Wohlstand aller Menschen der geistige Reichtum der verschiedenen kulturellen Traditionen der Menschheit ist, so auch der tibetischen Tradition, die nur in selbstgewählter Freiheit fruchtbar werden kann.

Wahrer Wohlstand ist nicht allein das Ergebnis eines äußeren, wirtschaftlichen Aufschwungs, sondern auch eines moralisch-geistigen Fortschritts einer Gesellschaft. Seele und Geist einerseits und leiblich-materielles Wohlsein sind mindestens gleichrangig zu bewerten.

Der Dalai Lama betont immer wieder seine Dankbarkeit gegenüber allen Hilfsorganisationen und sonstigen Gemeinschaften, wie gegenüber den indischen Bundesstaaten und vor allem der Premierministerin Indira Gandhi, die eine nicht geringe Hilfe geleistet und Unterstützung gewährt haben. So schreibt er z. B. folgendes: „Die Erfahrung mit der Unterstützung, die uns die Menschen aus den Industrienationen freiwillig haben zukommen lassen, bestätigte mich im Glauben an das, was ich universale Verantwortung nennen möchte. Sie ist meiner Meinung nach die Voraussetzung für die Entwicklung der Menschheit" (Buch der Freiheit, 217).

Nach dem Krieg Indiens gegen Pakistan besuchte der Dalai Lama einmal ein Krankenhaus mit Kriegsverwundeten. „Viele hatten große Schmerzen und litten sehr. Während ich mir zwischen den Bettenreihen einen Weg durch die schluchzenden Angehörigen bahnte, dachte ich, daß das einzige wirkliche Resultat eines Krieges schreckliches menschliches Leid ist. Was man sonst noch durch Krieg erreichen mag, könnte genausogut auf friedlichem Wege erzielt werden" (Buch der Freiheit, 226).

Bei seinen vielen Reisen kommt es immer wieder zu Begegnungen mit Politikern, Leuten aus Kultur und Wissenschaft, auch zu Begegnungen mit Vertretern anderer Religionen. So beschreibt er eine Begegnung mit dem Trappisten-Mönch Thomas Merton als sehr beeindrukkend hinsichtlich der tiefen Spiritualität Mertons. Ähnlich beschreibt er eine Begegnung mit einem Einsiedler am Montserrat. Bei den vielen Begegnungen mit Politikern (meist inoffiziell, da der Dalai Lama von den meisten Nationen nicht als offizielles Staatsoberhaupt Tibets anerkannt wird, aus diplomatischen bzw. Opportunitätsgründen) hat er, wie er mehrfach deutlich gemacht hat, die Staatsform der Demokratie schätzengelernt. So ist auch die offizielle Exilregierung in Dharamsala durch zwei Parlamentshäuser vertreten, einer Art Ober- und Unterhaus von frei gewählten Vertretern aller Tibeter im Exil.

Es sei noch erwähnt, daß die Buddhisten in der Mongolei, in Bhutan, in Sikkim und Nepal die Vajrayana-Form des Buddhismus lehren und ausüben und daß sie alle den Dalai Lama als geistliches Oberhaupt des Buddhismus verehren. In Tibet selbst kam es, anläßlich einer offiziell von China gestatteten Reise einer Delegation von Exil-Tibetern, zu freudigen Empfängen von seiten der Tibeter überall dort, wo die Exil-Tibeter hingingen. Man umringte sie auf Schritt und Tritt, trotz der deutlichen und mit Drohungen begleiteten Aufforderung der Chinesen, sich nicht zu versammeln und den Delegierten fernzubleiben. Trotz eines ansonsten effizienten Geheimdienstes konnte dies nicht verhindert werden. Was die Delegierten an Nachrichten mit ins Exil zurückbrachten, war schrecklich und fast unglaublich. China jedoch beschränkte sich darauf zu sagen, man könne die Dinge nicht beurteilen, wenn man nicht in Tibet selbst lebe, und beklagte die Einmischung in innere Angelegenheiten.

Der Herausgeber gibt in den folgenden Texten das Wort dem Träger des Friedens-Nobelpreises von 1989, und es sei als Einstieg dieses Wort zitiert: „Mir hat meine Religion, der Buddhismus, geholfen, Liebe und Mitgefühl zu entwickeln. Ich bin aber überzeugt davon, daß diese Eigenschaften von jedem entwickelt werden können, ganz gleich, ob er religiös ist oder nicht. Ich glaube auch, daß alle Religionen das Ziel eint, das Gute zu fördern und allen Menschen zum Glück zu verhelfen. Mögen die Wege dahin verschieden sein – das Ziel ist überall das gleiche" (Buch der Freiheit, 330).

Burgdorf, November 1991 *Erhard Meier*

I

ERINNERUNGEN – REFLEXIONEN – EREIGNISSE

„Solange das Weltall besteht,
Solange Lebendiges lebt,
So lange möchte auch ich bestehen,
Um das Elend der Welt zu vertreiben."

(Buch der Freiheit, 331)

DIE FLUCHT

Am 17. März 1959 floh ich aus Tibet. Seitdem lebe ich in Indien im Exil. In den Jahren 1949/50 entsandte die Volksrepublik China eine Armee, um in mein Land einzumarschieren. Ich blieb noch fast zehn Jahre lang als politisches und religiöses Oberhaupt meines Volkes in Tibet und versuchte, wieder friedliche Beziehungen zwischen unseren beiden Nationen herzustellen. Dieses Unterfangen erwies sich aber als unmöglich, und ich kam zu der traurigen Überzeugung, daß ich meinem Volk vom Ausland aus besser dienen konnte.

Wenn ich an die Zeit zurückdenke, als Tibet noch ein freies Land war, wird mir bewußt, daß dies die besten Jahre meines Lebens waren. Ich bin jetzt wirklich glücklich, aber das Leben, das ich führe, ist zwangsläufig sehr anders als das, wozu ich erzogen wurde. Es ist natürlich sinnlos, in nostalgischen Gefühlen zu schwelgen; trotzdem macht es mich traurig, wenn ich an die Vergangenheit denke, weil ich dabei an das schreckliche Leid denken muß, das meinem Volk widerfuhr. Das alte Tibet war sicherlich nicht vollkommen. Dennoch kann man sagen, daß wir eine recht bemerkenswerte Lebensweise hatten, von der vieles wert gewesen wäre, bewahrt zu werden, was nun endgültig verloren ist. (Buch der Freiheit, 1)

MEINE ELTERN

Meine Eltern waren Kleinbauern. Sie waren von keinem Gutsherrn abhängig, gehörten aber keineswegs zum Adel. Sie besaßen ein Stück Land, das sie selbst bearbeiteten. In Tibet wachsen hauptsächlich Gerste und Buchweizen, und auch meine Eltern pflanzten diese zusammen mit Kartoffeln an. Oft aber verloren sie eine ganze Ernte, den Ertrag von einem Jahr Arbeit, durch schwere Hagelschauer oder durch Trockenheit. Sie hielten auch Vieh, was als Nahrungsquelle zuverlässiger war. Ich erinnere mich daran, daß wir fünf oder sechs Dzomos – eine Kreuzung aus Yak und Kuh – hatten, die uns mit Milch versorgten; außerdem hielten wir der Eier wegen eine Schar von frei herumlaufenden Hühnern. Wir besaßen auch eine Herde von rund achtzig Schafen und Ziegen, und mein Vater, der eine große Vorliebe für Pferde hatte, hielt immer eins oder zwei, manchmal sogar drei. Schließlich hatte meine Familie noch ein paar Yaks.

Der Yak ist ein Geschenk der Natur an die Menschheit. Man findet ihn erst auf über dreitausend Metern Höhe, wodurch er sich vorzüglich für Tibet eignet; in niedrigeren Lagen gehen sie leicht ein. Er dient als Lasttier und als Fleischquelle. Die weiblichen Tiere – Dri genannt – geben Milch. Außerdem ist der Yak unentbehrlich für die Landwirtschaft im Hochgebirge.

(Buch der Freiheit, 12)

TAUSCHGESCHÄFTE

Das meiste, was auf unseren Feldern wuchs, benötigten meine Eltern für unsere eigene Ernährung. Aber gelegentlich verwendete mein Vater Getreide oder ein paar Schafe für Tauschgeschäfte mit Nomaden oder auf dem Markt von Siling, der nächsten Stadt und zugleich der Hauptstadt von Amdo, ungefähr drei Stunden mit dem Pferd von Taktser entfernt. In diesen entlegenen Gebieten war es nicht üblich, mit Geld zu handeln, meist wurden Naturalien ausgetauscht. Was wir an Überschüssen hatten, tauschte mein Vater gegen Tee, Zucker, Baumwollstoff, etwas Zierat vielleicht oder gegen Eisenwerkzeuge ein. Manchmal kam er mit einem neuen Pferd zurück, worüber er sich dann immer sehr freute. Er hatte ein besonders feines Gefühl für Pferde und war überall in der Gegend als Pferdeheiler bekannt. (Buch der Freiheit, 13)

MEINE VERBINDUNG ZU BUDDHA

Grundlegend für den Buddhismus ist die Lehre des abhängigen Entstehens oder das Gesetz von Ursache und Wirkung. Dies besagt schlicht, daß jede Erfahrung eines Individuums auf eine motivationsbedingte Handlung zurückzuführen ist. Motivation ist also die Wurzel von Handlung und Erfahrung. Diese Vorstellung liegt den buddhistischen Theorien von Bewußtsein und Wiedergeburt zugrunde.

Da eine Ursache eine Wirkung hervorruft, die ihrerseits wiederum die Ursache einer weiteren Wirkung ist, spricht man von der Kontinuität des Bewußtseins. Das Bewußtsein befindet sich in einem ständigen Fluß und sammelt von einem Augenblick zum anderen Erfahrungen und Eindrücke. Hieraus folgt, daß zum Zeitpunkt des physischen Todes im Bewußtsein eines Wesens ein Abdruck aller vergangenen Erfahrungen und Eindrücke sowie der ihnen vorausgegangenen Handlungen ist. Dies nennt man Karma, was wörtlich „Handlung" heißt. Es ist folglich das Bewußtsein mit dem dazugehörigen Karma, das dann in einem neuen Körper – und zwar dem eines Tieres, Menschen oder göttlichen Wesens – „wiedergeboren" wird.

Um ein einfaches Beispiel zu nennen: Eine Person, die in ihrem Leben vielfach Tiere gequält hat, könnte in ihrem nächsten Leben sehr wohl als Hund wiedergeboren werden, der einem herzlosen Besitzer gehört und schlecht behandelt wird. Umgekehrt führen verdienstvolle Handlungen in diesem Leben zu einer günstigen Wiedergeburt im nächsten.

Buddhisten glauben, daß man aus diesem unaufhörlichen Kreislauf von Geburt, Leiden, Tod und Wiedergeburt, der das Leben ausmacht, ausbrechen kann, aber erst, wenn alles negative Karma ausgelöscht ist und wir nichts Weltlichem mehr verhaftet sind. Gelangt man an diesen Punkt, erreicht das Bewußtsein die Befreiung, und man wird schließlich zum Buddha. Der tibetischen Tradition des Buddhismus zufolge kehrt ein Wesen, das die Buddhaschaft bereits erlangt hat, selbst dann zu den Lebenden zurück, wenn es vom Samsara, dem Kreis des Leidens, wie das Phänomen der Existenz genannt wird, befreit ist, und setzt sich so lange für das Wohl aller fühlenden Wesen ein, bis alle befreit sind.

Mich sieht man als die Reinkarnation eines jeden der vorangegangenen dreizehn Dalai Lamas von Tibet, eine Linie, die im Jahre 1351 begann. Diese wiederum sind Verkörperungen von Avalokiteshvara, auf tibetisch Chenrezig, dem Bodhisattva des Mitgefühls, des liebevollen Sich-Hinwendens, und Träger der weißen Lotosblüte. So glaubt man auch von mir, daß ich eine Inkarnation von Chenrezig bin, und zwar die vierundsiebzigste in einer Linie, die man bis zu einem Brahmanenjungen, einem Zeitgenossen des Buddha Shakyamuni, zurückverfolgen kann.

Ich werde oft gefragt, ob ich das wirklich glaube. Die Antwort darauf ist nicht leicht. Doch wenn ich als Sechsundfünfzigjähriger auf meine Erfahrungen in diesem Leben zurückblicke und hinzunehme, was ich als Buddhist glaube, dann fällt es mir nicht schwer zu akzeptieren, daß es zwischen mir und den früheren dreizehn Dalai Lamas, Chenrezig und selbst Buddha eine spirituelle Verbindung gibt. (Buch der Freiheit, 17f)

LEHRJAHRE

Zusätzlich zu meinem Ersten Tutor, Reting Rinpoche, wurde mir Tadrag Rinpoche als Zweiter Tutor zugeteilt. Er war ein besonders seelenvoller und herzensguter Mensch, mit dem ich mich nach unserem Unterricht zwanglos unterhalten konnte und der immer zu Witzen aufgelegt war. In den ersten Jahren wurde außerdem Kewtsang Rinpoche, der Leiter des Suchtrupps, inoffiziell als Dritter Tutor eingesetzt, wenn einer der beiden anderen verhindert war.

Kewtsang Rinpoche mochte ich besonders gern. Er kam wie ich aus Amdo und war immer so freundlich, daß ich ihn einfach nicht ernst nehmen konnte. Wenn ich während unseres Unterrichts etwas auswendig aufsagen sollte, hängte ich mich an seinen Hals und sagte: „Sag du es doch auf!" Als dann später, als ich ungefähr neunzehn war, Trijang Rinpoche mein Zweiter Tutor wurde, warnte er ihn, daß er in meiner Gegenwart nie lächeln dürfe, da ich ihn sonst ausnutzen würde.

Die eben beschriebene Konstellation wurde aber nicht lange beibehalten. Schon bald nachdem ich mein Noviziat begonnen hatte, trat Reting Rinpoche angesichts seiner mangelnden Popularität von der Regentschaft zurück. Obwohl ich erst sechs Jahre alt war, wurde ich konsultiert, wen ich zum Nachfolger ernennen würde. Ich wählte Tadrag Rinpoche, der dann mein Erster Tutor wurde und in seiner Funktion als Zweiter Tutor von Ling Rinpoche ersetzt wurde.

Im Gegensatz zu Tadrag Rinpoche war Ling Rinpoche ein sehr zurückhaltender und strenger Mann, und ich hatte anfangs richtige Angst vor ihm. Ich fürchtete mich sogar beim Anblick seines Dieners und war bald imstande, ihn schon von weitem an seinem Schritt zu erkennen, wobei ich dann jedesmal Herzklopfen bekam. Als ich älter wurde, schwand die Angst, und es entstand zwischen uns eine sehr gute Beziehung. Er wurde mein engster Vertrauter und blieb es bis zu seinem Tod im Jahre 1983. (Buch der Freiheit, 25)

MEIN VORGÄNGER

Als Kind hörte ich viele Geschichten über meinen Vorgänger, die zeigten, wie natürlich er war. Eine wurde mir von einem alten Mann erzählt, dessen Sohn Mönch im Kloster Namgyäl war. Sie ereignete sich zu einer Zeit, als auf dem Norbulingka-Gelände gerade ein neues Gebäude errichtet wurde. Wie es damals üblich war, kamen viele Menschen, um der Grundmauer einen Stein hinzuzufügen und dadurch ihren Respekt und ihr Wohlwollen zum Ausdruck zu bringen. Eines Tages kam von weit her ein Nomade – der Vater des alten Mannes. Er hatte einen eigensinnigen Maulesel dabei. Sobald der Mann ihm den Rücken kehrte, um seine Spende darzubringen, lief der Maulesel auch schon davon und suchte das Weite. Zum Glück kam jemand aus der entgegengesetzten Richtung, und der Nomade rief und bat ihn, den Ausreißer aufzuhalten. Der Fremde tat dies und brachte den Maulesel zurück. Der Nomade war zunächst sehr froh, staunte dann aber, als er erkannte, daß der Retter niemand anderes als der Dalai Lama war.

Der XIII. Dalai Lama war aber auch sehr streng. Zum Beispiel verbot er im Potala und im Norbulingka das Rauchen. Einmal jedoch ging er spazieren und kam an ein paar Steinmetzen vorbei, die gerade bei ihrer Arbeit waren. Diese sahen ihn nicht und unterhielten sich ganz unbefangen. Einer von ihnen beklagte sich lauthals über das Tabakverbot und betonte, wie gut Tabak gegen Müdigkeit und Hunger helfe. Er kaue deshalb auch ein wenig davon. Als der Dalai Lama dies hörte, drehte er sich um und ging fort, ohne sich zu erkennen zu geben.

Das heißt aber nicht, daß er stets so nachgiebig war. Das einzige, was ich an ihm auszusetzen hätte, ist, daß er manchmal vielleicht etwas zu selbstherrlich war. Seinen hohen Beamten gegenüber war er sehr streng und kritisierte sie auch für den geringsten Fehler in aller Schärfe. Seine Großzügigkeit beschränkte sich auf die einfachen Leute. (Buch der Freiheit, 43)

DER CHINESISCHE ÜBERFALL

Im Kloster gab es einen alten Bush-Radioempfänger, der an eine Sechs-Volt-Batterie angeschlossen war. Jeden Abend setzte ich mich hin, um mir die Programme in tibetischer Sprache von Radio Peking anzuhören. Manchmal hörte der eine oder andere Beamte auch zu, aber oft tat ich es allein. Der Großteil der Programme war Propaganda über das „glorreiche Mutterland". Ich muß zugeben, daß mich vieles sehr beeindruckte, was ich hörte. Es war ständig vom industriellen Fortschritt und von der Gleichheit aller Einwohner Chinas die Rede. Es klang wie die perfekte Kombination von materiellem und geistigem Fortschritt. Als ich eines Abends allein vor dem Empfänger saß, hörte ich aber ein ganz anderes Programm. Eine grelle, kratzende Stimme verkündete, daß an diesem Tag zwischen Vertretern der Regierung der Volksrepublik China und Vertretern der, wie sie es nannten, örtlichen Regierung Tibets ein „Siebzehn-Punkte-Abkommen zur friedlichen Befreiung Tibets" unterzeichnet worden sei.

Ich traute meinen Ohren nicht! Ich wollte hinauslaufen und alle herbeirufen, war aber wie gelähmt. Der Ansager beschrieb, wie in den „vergangenen hundert Jahren oder mehr" aggressive imperialistische Kräfte in Tibet eingedrungen seien und „Betrug und Provokationen aller Art begangen" hätten. Er fügte hinzu, daß die tibetische Nation hierdurch „in die Tiefen der Sklaverei und des Leids gestürzt wurde". Mir war übel, als ich dieses unglaubliche Gemisch von Lügen und bizarren Klischees hörte.

Aber es kam noch schlimmer. Der erste Punkt des „Abkommens" hielt fest, daß „das tibetische Volk sich vereinen und die aggressiven imperialistischen Kräfte aus Tibet vertreiben soll. Die Tibeter sollen in die Völkerfamilie ihres Mutterlandes, die Volksrepublik China, zurückkehren." Was sollte das heißen? Die letzte feindliche Armee, die in Lhasa stationiert gewesen war, war die der Mandschu im Jahre 1912. Sonst hielt sich damals meines Wissens nur noch eine Handvoll Europäer in Tibet auf. Und was Tibets „Rückkehr ins Mutterland" betraf, so war dies eine schamlose Erfindung. Tibet hat nie zu China gehört. Im Gegenteil, Tibet hat sogar historisch begründete Ansprüche auf große Teile Chinas. Abgesehen davon sind die beiden Völker ethnisch und rassisch verschieden. Wir sprechen verschiedene Sprachen, und unsere Schrift ist grundsätzlich anders als die chinesische.

(Buch der Freiheit, 74, 75)

EIN FEIND IST MANCHMAL WERTVOLLER ALS EIN FREUND

Die Zeit der tastenden Koexistenz mit den chinesischen Machthabern nutzte ich dazu, mich stärker auf meine religiösen Verpflichtungen zu konzentrieren. So fing ich an, großen und kleinen Gruppen regelmäßig Unterweisungen zu geben. Dadurch bekam ich einen persönlichen Kontakt zu meinem Volk. Und obwohl ich anfangs recht nervös war, vor Publikum zu reden, gewann ich schon bald Selbstvertrauen. Dennoch mußte ich mir immer wieder eingestehen, daß das „Entgegenkommen" der Chinesen an der Stadtgrenze von Lhasa endete und mein Volk ansonsten ein entbehrungsreiches Leben zu führen hatte. Außerdem konnte ich jetzt besser nachvollziehen, warum meine beiden Premierminister die Chinesen so verachtet hatten. Wenn General Zhang Jingwu mich zum Beispiel besuchte, stellte er jedesmal seine Leibwachen vor dem Zimmer auf, obwohl er sicherlich wußte, daß die Unverletzlichkeit des Lebens einer der Grundsätze des Buddhismus ist. Aber weit schlimmer war die zunehmende Anzahl an Beweisen, daß die Kommunisten, ungeachtet meiner Reformbemühungen, ihre eigenen Vorstellungen hatten, wie man die Dinge angehen sollte.

Trotzdem hielt ich mir Buddhas Lehre vor Augen, daß

ein vermeintlicher Feind in gewisser Hinsicht wertvoller ist als ein Freund, da er einen Dinge lehrt, die man von einem Freund normalerweise nicht lernt, etwa Geduld. Hinzu kam mein fester Glaube, daß, ganz gleich, wie schlecht die Dinge liegen, sie irgendwann auch wieder besser werden. Am Ende triumphiert doch der allen Menschen angeborene Wunsch nach Wahrheit, Gerechtigkeit und Verständnis über Unwissenheit und Verzweiflung. Wenn uns die Chinesen also unterdrückten, so konnte uns das nur stärken. (Buch der Freiheit, 95–96)

BEGEGNUNG MIT MAO

Bei einer späteren privaten Begegnung mit Mao eröffnete er mir, wie sehr es ihn freue, daß ich nach Beijing gekommen sei. Er fuhr fort, daß die Chinesen nur deshalb in Tibet seien, um uns zu helfen. „Tibet ist ein großes Land“, meinte er. „Sie haben eine großartige Geschichte. Vor langer Zeit haben Sie sogar weite Teile Chinas erobert. Aber jetzt sind Sie im Rückstand, und wir wollen Ihnen helfen. Vielleicht sind Sie in zwanzig Jahren im Vorsprung, dann ist es an Ihnen, China zu helfen.“ Ich traute meinen Ohren nicht, aber es sah wirklich so aus, als ob er aus Überzeugung so gesprochen hätte und nicht bloß aus taktischem Kalkül.

Ich entwickelte eine richtige Begeisterung für die Möglichkeiten einer Vereinigung Tibets mit der Volksrepublik China. Je mehr ich mich mit dem Marxismus beschäftigte, desto besser gefiel er mir. Hier war ein Gesellschaftssystem, das auf Gleichheit und Gerechtigkeit für alle beruhte und das ein Allheilmittel gegen die Übel der Welt zu sein versprach. Der einzige theoretische

Nachteil des Marxismus war, soweit ich das beurteilen konnte, daß er auf einer rein materialistischen Sichtweise der menschlichen Existenz beharrte. Damit konnte ich nicht einverstanden sein. Ich machte mir auch Sorgen wegen der Methoden, die die Chinesen bei der Verwirklichung ihrer Ideale anwendeten. Ich hatte einen starken Eindruck von Unnachgiebigkeit. Trotzdem äußerte ich den Wunsch, Parteimitglied zu werden. Ich fühlte, und das tue ich noch immer, daß es möglich sein müßte, eine Synthese zwischen buddhistischen und rein marxistischen Überzeugungen herzustellen, um daraus einen wirksamen Weg politischen Handelns zu entwickeln.

(Buch der Freiheit, 105–106)

ZERSTÖRER DER BUDDHISTISCHEN LEHREN

Mao betonte, wie lebenswichtig die Kommunikation für jede Form von materiellem Fortschritt sei und wie wichtig es wäre, so viele junge Tibeter wie möglich auf diesem Gebiet auszubilden. Er fügte hinzu, daß er seine Mitteilungen an mich über einen Tibeter weiterleiten wolle. Schließlich rückte er näher und sagte: „Wissen Sie, Sie haben eine gute Einstellung. Aber die Religion ist Gift. Zum einen reduziert sie die Bevölkerung, weil Mönche und Nonnen keusch bleiben müssen, und dann verhindert sie den materiellen Fortschritt." Als er dies sagte, spürte ich ein starkes Brennen auf meinem ganzen Gesicht und hatte plötzlich große Angst. „Ja", dachte ich, „er ist also doch der Zerstörer des Dharma, der Lehren des Buddhismus."

(Buch der Freiheit, 116)

DIE MASSAKER

Gegen Mitte des Sommers herrschte in Kham und Amdo bereits offener Krieg. Unter dem Kommando eines Mannes namens Gompo Tashi sammelten sich täglich mehr Freiheitskämpfer, und ihre Angriffe wurden immer verwegener. Die Chinesen zögerten nicht zurückzuschlagen. Städte und Dörfer wurden von Flugzeugen aus bombardiert, und ganze Gebiete wurden durch Artilleriefeuer verwüstet. Die Folge davon war, daß nun Tausende von Menschen aus Kham und Amdo nach Lhasa flohen und in den weiten Ebenen außerhalb der Stadt ihre Zelte aufschlugen. Einige der Geschichten, die sie mitbrachten, waren so entsetzlich, daß ich jahrelang nicht daran glauben mochte. Die Methoden, auf die die Chinesen zurückgriffen, um die Bevölkerung einzuschüchtern, waren so grauenhaft, daß ich sie mir kaum vorstellen konnte.

Erst als ich 1959 den Bericht der Internationalen Juristenkommission las, begriff ich, daß wahr war, was ich früher gehört hatte; zum Beispiel, daß es üblich war, die Opfer zu kreuzigen, sie lebendig zu sezieren und zu zerstückeln oder ihnen den Bauch aufzuschlitzen. Ebenso üblich war es, daß Menschen gehängt, geköpft, verbrannt, lebendig begraben oder zu Tode geprügelt wurden, wenn man sie nicht gar durch galoppierende Pferde zu Tode schleifen ließ, sie kopfüber aufhängte oder gefesselt in eiskaltes Wasser warf. Und damit sie auf dem Wege zur Hinrichtung nicht „Lang lebe der Dalai Lama!" rufen konnten, hatte man ihnen vorher mit Fleischhaken die Zunge herausgerissen. (Buch der Freiheit, 146)

DER ENTSCHLUSS ZU FLIEHEN

Ich wußte nicht mehr, was ich tun sollte. Am nächsten Tag befragte ich das Orakel ein weiteres Mal. Zu meiner Überraschung riet es diesmal: „Geh! Geh! Heute abend noch!" Noch in Trance torkelte das Medium dann nach vorn, ergriff Papier und einen Stift und zeichnete klar und deutlich den Fluchtweg vom Ausgang des Norbulingka bis zum letzten tibetischen Dorf vor der indischen Grenze auf. Seine Anweisungen waren anders, als man vielleicht erwartet hätte. Daraufhin brach das Medium, ein junger Mönch namens Lobsang Jigme, ohnmächtig zusammen, ein Zeichen, daß Dorje Drakden seinen Körper verlassen hatte. Im selben Augenblick explodierten zwei Granaten in den Sümpfen vor dem nördlichen Tor des Norbulingka – als sollten die Anweisungen des Orakels dadurch bekräftigt werden.

Wenn ich heute, nach über einunddreißig Jahren, darauf zurückblicke, bin ich sicher, daß Dorje Drakden die ganze Zeit schon wußte, daß ich am 17. März Lhasa verlassen müßte, dies aber nicht sagen wollte, aus Angst, es könnte bekannt werden. Solange keine Vorbereitungen getroffen wurden, konnte es auch niemand erfahren.

Ich fing aber nicht sofort mit den Vorbereitungen an. Zuerst wollte ich, daß die Entscheidung des Orakels bestätigt wurde, und so legte ich noch ein Mo aus. Das Ergebnis stimmte mit dem Rat des Orakels überein, auch wenn die Aussicht auf Erfolg extrem gering schien. Da war nicht nur die Menschenmenge vor dem Norbulingka, die niemand hinaus- oder hereinließ, ohne ihn vorher genau durchsucht und verhört zu haben. Aus Ngapös Brief ging auch hervor, daß die Chinesen bereits daran gedacht hatten, daß ich fliehen könnte. Sie mußten also schon entsprechende Vorkehrungen getroffen haben. Aber die übernatürlichen Ratschläge, die ich erhalten hatte, stimmten mit meinen eigenen Überlegungen überein. Ich war davon überzeugt, daß meine Flucht das einzige Mittel war, um die Menschenansammlung aufzulösen. Sobald ich nicht mehr im Norbulingka war, gab es keinen Grund, ihn noch weiter zu belagern. So beschloß ich, dem Rat zu folgen. (Buch der Freiheit, 160)

ABSCHIED

Am späteren Nachmittag verließen meine Tutoren und die vier Kashag-Mitglieder – unter der Plane eines Lastwagens versteckt – den Norbulingka. Mit der Ausrede, auf dem Weg zu einem Nonnenkloster am Südufer des Kyichu zu sein, gelangten am Abend meine Mutter, Tsering Dölma und Tenzin Chögyäl hinaus. Dann ließ ich die Volksanführer zusammenrufen und klärte sie über meinen Plan auf, wobei ich betonte, daß ich nicht nur auf ihre Hilfe angewiesen sei – die mir ohnehin sicher war –, sondern auch auf ihr absolutes Schweigen. Ich war nämlich davon überzeugt, daß die Chinesen ihre Spitzel in der Menschenmasse hatten. Sobald diese Männer wieder gegangen waren, schrieb ich ihnen noch einen Brief, in dem ich meine Beweggründe für die Flucht erläuterte und sie bat, ihre Schußwaffen nur zur Selbstverteidigung zu benutzen. Ich hoffte fest, daß sie diese Botschaft ihren Mitstreitern weitergeben würden. Der Brief sollte ihnen am nächsten Tag ausgehändigt werden.

Bei Einbruch der Dunkelheit ging ich zum letztenmal in den Meditationsraum, der Mahakala, meiner persönlichen Schutzgottheit, geweiht ist. Als ich den Raum durch die schwere, knarrende Tür betrat, hielt ich kurz inne, um in mich aufzunehmen, was ich vor mir sah: Eine Gruppe von Mönchen saß vor einer großen Statue des Beschützers und rezitierte Gebete. Es gab in diesem Raum kein elektrisches Licht, nur das Leuchten von Dutzenden von Butterlampen, die in goldenen und silbernen Schalen aufgereiht waren. Die Wände waren mit zahlreichen Fresken bedeckt. Auf einem Teller auf dem Altar lag ein Häufchen Tsampa als Opfergabe. Ein Diener, dessen Gesicht halb beschattet war, beugte sich über einen großen Topf voller Butter, womit er die Schalen nachfüllte. Niemand schaute auf, obwohl ich mir sicher war, daß sie mein Kommen vernommen hatten. Rechts von mir nahm ein Mönch die großen Becken in die Hand, während ein anderer ein Horn an den Mund setzte und einen langen, düsteren Ton blies. Dann erschallten die Becken, und ihr vibrierender Ton klang noch lange nach; ein wohltuender Klang.

Ich ging nach vorn und überreichte der Gottheit einen Katag, die weiße Seidenschleife. Dies ist eine traditionelle tibetische Abschiedsgeste und mehr als eine Opfergabe. Dadurch kommt auch die Absicht zum Ausdruck, wieder zurückzukehren. Ich verbrachte noch einige kurze Augenblicke in stillem Gebet. Die Mönche wußten nun wohl, daß ich fortging, aber ich konnte mir ihres Schweigens sicher sein. Bevor ich den Meditationsraum verließ, setzte ich mich noch kurz hin, um aus Buddhas Sutras zu lesen. Ich las bis zu der Stelle, wo von der Notwendigkeit, Zuversicht und Mut zu entwickeln, die Rede ist.

Im Fortgehen gab ich noch Anweisungen, im ganzen Gebäude die Beleuchtung zu dämpfen. Dann ging ich in das untere Geschoß, wo einer meiner Hunde war. Ich streichelte ihn und war froh, daß er nie besonders anhänglich gewesen war; so fiel mir der Abschied leichter. Viel trauriger stimmte es mich, alle meine Diener und Leibwächter zurücklassen zu müssen. Dann trat ich in die kühle Märzluft hinaus. Vor dem Haupteingang war ein Treppenabsatz mit Stufen, die links und rechts bis zur Erde hinunterreichten. Ich ging um diesen herum und hielt kurz an der Stelle, die am weitesten vom Eingang entfernt lag. Dort machte ich mir in Gedanken ein Bild von meiner guten Ankunft in Indien. Dann ging ich zur Tür zurück und stellte mir meine Rückkehr nach Tibet vor.

In ungewohnten Hosen und mit einem langen schwarzen Mantel verkleidet, hängte ich mir kurz vor zehn Uhr ein Gewehr über meine rechte Schulter und ein altes Thangka, das dem II. Dalai Lama gehört hatte, über die linke. Mit meiner Brille in der Tasche ging ich dann hinaus. Ich hatte große Angst. Zwei Soldaten begleiteten mich schweigend bis zum Tor in der inneren Mauer, wo bereits der Kusung Depön, der Befehlshaber meiner Leibwache, auf uns wartete. Mit ihnen tappte ich durch den dunklen Park. Ich konnte kaum etwas erkennen. Als wir die äußere Mauer erreichten, schloß sich uns noch der Chikyap Khenpo an, der mit einem Schwert bewaffnet war. Mit seiner tiefen, beruhigenden Stimme sagte er mir, ich solle unter allen Umständen bei ihm bleiben. Als wir durch das Tor schritten, kündigte er den dort versammelten Menschen kühn an, er wolle nur einen Inspektionsrundgang machen. Daraufhin wurden wir durchgelassen. (Buch der Freiheit, 177–178)

IN INDIEN

Delhi mischte sich (. . .) nie in die Art ein, wie ich und die wachsende Zahl von tibetischen Flüchtlingen unser Leben führten. Auf Wunsch der Öffentlichkeit begann ich, im Garten von Birla House wöchentliche Audienzen abzuhalten. Dadurch konnte ich viele Leute kennenlernen und ihnen die wahre Lage in Tibet schildern. Nach und nach konnte ich auf diese Weise auch das Protokoll abschaffen, das dafür verantwortlich gewesen ist, daß der Dalai Lama stets von seinem Volk abgesondert lebte. Ich war fest davon überzeugt, daß wir nicht an alten Bräuchen festhalten sollten, die nicht mehr zeitgemäß waren, und erinnerte die Menschen immer wieder daran, daß wir jetzt Flüchtlinge waren. Ich bestand darauf, daß alle Förmlichkeiten bewußt reduziert wurden, besonders im Umgang mit Ausländern. Denn ich meine, daß man Menschen durch eine natürliche, offene Art viel eher für sich gewinnen kann, als wenn man zurückhaltend ist und sich hinter der Etikette versteckt.

Ich führte auch ein, daß meine Besucher immer auf einem gleichhohen Stuhl wie ich saßen statt auf einem niedrigeren, wie es der Brauch vorschrieb. Anfangs war dies auch für mich nicht leicht, da ich damals noch nicht sehr selbstsicher war. Doch trotz der Bedenken, die einige meiner älteren Berater äußerten, glaube ich, daß lediglich einige der Neuankömmlinge aus Tibet etwas verwirrt waren, weil diese neuen Umgangsformen für sie gänzlich ungewohnt waren.

Im Birla House wäre Pomp ohnehin fehl am Platz gewesen. Es war weder besonders groß noch luxuriös, und manchmal war es ziemlich überfüllt. Ich wohnte dort mit meiner Mutter und meiner Dienerschaft zusammen, der Rest meines Hofstaates lebte in unmittelbarer Nähe. Es war das erste Mal in meinem Leben, daß ich einen so engen Kontakt zu meiner Mutter hatte, worüber ich mich freute. (Buch der Freiheit, 194)

ERFAHRENE VERANTWORTUNG

Manchmal hinderte uns unsere Kultur daran, uns erfolgreich einer neuen Situation anzupassen. Ich erinnere mich noch, wie die Siedler bei meinem ersten Besuch in Bylakuppe betroffen darüber waren, daß durch die Rodungen, die sie vornehmen mußten, um Ackerland zu gewinnen, zahllose kleine Tiere und Insekten getötet wurden. Das war für Buddhisten eine schreckliche Tat, da für uns nicht nur das menschliche Leben, sondern jede Form von Leben heilig ist. Einige der Siedler kamen sogar zu mir und meinten, wir sollten die Arbeit ganz einstellen.

Andere Projekte, die mit Hilfe internationaler Organisationen ins Leben gerufen worden waren, scheiterten aus ähnlichen Gründen. Zum Beispiel blieben alle Versuche erfolglos, Hühner- oder Schweinefarmen aufzubauen. Sogar in ihren ärmlichen Verhältnissen waren die Tibeter nicht gewillt, Tierzucht zum Zweck der Lebensmittelversorgung zu betreiben. Das hat schon manchen Ausländer zu sarkastischen Bemerkungen veranlaßt, denn es besteht ein deutlicher Widerspruch darin, daß die Tibeter zwar gerne Fleisch essen, aber nicht bereit sind, sich selbst damit zu versorgen.

Abgesehen von diesen Ausnahmen waren jedoch die meisten der Projekte, die mit internationaler Hilfe in die Wege geleitet wurden, sehr erfolgreich, und unsere

Freunde waren mit den erzielten Resultaten äußerst zufrieden.

Die Erfahrung mit der Unterstützung, die uns die Menschen aus den Industrienationen freiwillig haben zukommen lassen, bestätigte mich in dem Glauben an das, was ich universale Verantwortung nennen möchte. Sie ist meiner Meinung nach die Voraussetzung für die Entwicklung der Menschheit. Ohne einen solchen Sinn für die universale Verantwortung eines jeden kann es keinen wirklichen Fortschritt auf Erden geben. Je mehr sich die Menschen dessen bewußt werden, daß wir auf diesem Planeten nicht unabhängig voneinander leben, sondern im Endeffekt alle Brüder und Schwestern sind, desto eher kann man einen umfassenden Fortschritt für die gesamte Menschheit erzielen, und nicht nur für Teile von ihr.

(Buch der Freiheit, 217)

MENSCHEN, VON DENEN ICH LERNTE

Eine der wichtigsten Bereicherungen meiner einunddreißig Exiljahre sind meine Begegnungen mit Menschen aus allen Lebensbereichen. Da Indien ein freies Land ist, hat es nie Einschränkungen gegeben, wen ich sehen durfte und wen nicht. Manchmal habe ich das Glück, wirklich ungewöhnliche Menschen empfangen zu können. Andererseits passiert es aber auch, daß Menschen zu mir kommen, die krank oder sogar geistesgestört sind. Meistens aber besuchen mich gewöhnliche Frauen und Männer. Begegne ich Menschen, versuche ich ihnen, wenn ich kann, zu helfen und auch möglichst von ihnen zu lernen. Nur selten entsteht bei diesen Audienzen eine unangenehme Situation, aber soweit ich mich erinnern kann, habe ich mich stets in Freundschaft von allen, die mich besucht haben, getrennt. Ich glaube, daß dies möglich war, weil ich meinen Besuchern gegenüber immer dieselbe offene Einstellung hatte.

Eine besondere Freude ist es für mich, Männer und Frauen aus anderen Kulturbereichen und Religionen kennenzulernen. Ein berühmtes Beispiel dafür war Jiddu Krishnamurti. Ich fand ihn sehr beeindruckend, scharfsinnig und gelehrt. Obwohl er sanftmütig wirkte, hatte er klare, festumrissene Ansichten über das Leben und seine Bedeutung. Später habe ich viele seiner Anhänger kennengelernt, die von seinen Lehren sehr profitiert haben.

Eine meiner erfreulichsten Erinnerungen aus jener Zeit ist die Begegnung mit dem amerikanischen Trappistenmönch *Thomas Merton*. Er kam im November 1968 nach Dharamsala, wenige Wochen vor seinem tragischen Tod in Thailand. Wir trafen uns an drei aufeinanderfolgenden Tagen jeweils zwei Stunden lang. Merton war ein athletischer Mann von mittelgroßer Statur und hatte noch weniger Haar als ich, obwohl das nicht an seiner Tonsur lag. Er trug schwere Bergstiefel und hatte einen breiten Ledergürtel um seine weiße Wollkutte gebunden. Noch eindrucksvoller als sein Äußeres war die Spiritualität, die er offenbarte. Er war ein wahrhaft demütiger und tiefreligiöser Mensch. Es war das erste Mal, daß ich bei jemandem, der sich zum Christentum bekannte, eine so starke Spiritualität feststellen konnte. Seither habe ich weitere Christen kennengelernt, die ähnliche Eigenschaften aufwiesen. Aber es war Merton, der mir klarmachte, was es wirklich heißt, ein Christ zu sein.

(Buch der Freiheit, 235–236)

WIE BUDDHISTEN UND CHRISTEN VONEINANDER LERNEN KÖNNEN

Ich bin auch davon beeindruckt, wie sich Christen aller Konfessionen in Hilfsorganisationen praktisch betätigen. Es gibt in Indien viele wunderbare Beispiele dafür. Ich finde, daß wir in dieser Beziehung viel von unseren christlichen Brüdern und Schwestern lernen können. Es wäre sehr nützlich, wenn auch die Buddhisten einen ähnlichen Beitrag für die Gesellschaft leisten würden. Ich habe den Eindruck, daß buddhistische Mönche und Nonnen viel über Mitgefühl reden, ohne jedoch konkret etwas dafür zu tun. Ich habe dies schon mehrmals mit Tibetern und auch mit anderen Buddhisten besprochen und bin ein entschiedener Befürworter des Aufbaus ähnlicher Organisationen. Aber so, wie wir von den Christen etwas lernen können, könnten auch sie etwas von uns lernen. Zum Beispiel könnten ihnen die Meditationstechniken und die Konzentrationsübungen, die wir entwickelt haben, in anderen Bereichen des religiösen Lebens von Nutzen sein. (Buch der Freiheit, 236–237)

POLITISCHE TOLERANZ

Am skeptischsten von allen sind die Reporter und Journalisten, mit denen ich wegen meiner Position als Dalai Lama unweigerlich viel zu tun habe, besonders wenn ich auf Reisen bin. Obwohl es oft heißt, diese Frauen und Männer von der freien Presse seien hartnäckig und aggressiv, finde ich, daß dies in der Regel nicht zutrifft. Die meisten von ihnen sind im Grunde genommen freundlich, auch wenn die Atmosphäre anfangs manchmal etwas gespannt ist. Nur selten mündet ein Gespräch oder Interview in eine heftige Auseinandersetzung. Ist dies der Fall, höre ich meistens auf, wenn politische Fragen ins Zentrum rücken. Jeder hat ein Anrecht auf seine eigene politische Meinung, und ich sehe es nicht als meine Aufgabe an, die Meinung anderer Leute zu ändern.

(Buch der Freiheit, 249)

ERSTE POSITIVE SIGNALE AUS CHINA

Im Jahre 1977 wurde berichtet, der damalige Präsident der Volksrepublik China, Li Xiannian, habe gesagt, daß die Kulturrevolution viel erreicht, aber auch einigen Schaden angerichtet habe. Das war ein erstes Anzeichen dafür, daß die chinesische Führung endlich begonnen hatte, der Wirklichkeit ins Angesicht zu blicken. Im April desselben Jahres folgte eine versöhnliche Erklärung zu Tibet, als Ngapö Ngawang Jigme (inzwischen ein hochrangiges Mitglied der Verwaltung in Beijing) öffentlich bekanntgab, China würde es begrüßen, wenn der Dalai Lama „und seine Anhänger, die nach Indien geflohen sind", nach Tibet zurückkehrten. Bereits seit den sechziger Jahren hatten die Chinesen an alle Tibeter, die geflohen waren, appelliert, sie sollten zurückkehren, man werde sie mit offenen Armen empfangen.

Ngapös Statement aber markierte den Beginn einer intensiven Propagandakampagne, welche die im Exil lebenden Tibeter zurücklocken sollte. Immer mehr hörte man über das „unvorstellbare Glück im heutigen Tibet". Nicht lange danach forderte Maos designierter Nachfolger, Hua Guofeng, Tibets Bräuche sollten wieder eingeführt werden; die Bevölkerung durfte wieder ihre traditionellen Trachten tragen, und zum erstenmal seit zwanzig Jahren erlaubte man älteren Menschen, wieder im Gebet um den Jokhang herumzugehen. Das hörte sich vielversprechend an, und war noch nicht einmal alles!

Zu meiner großen Freude und Überraschung wurde der Panchen Lama am 25. Februar 1978 nach mehr als zehn Jahren Haft plötzlich aus dem Gefängnis entlassen. Bald darauf revidierte der neue starke Mann Hu Yaobang die Aussage von Präsident Li Xiannian über die Kulturrevolution, indem er sagte, sie sei eine vollkommen negative Erfahrung gewesen, die China in keiner Weise genützt habe.

Das klang nach einem bemerkenswerten Fortschritt. Trotzdem war ich der Meinung, daß, wenn die Chinesen tatsächlich einen Sinneswandel vollzogen hatten, sich dies am deutlichsten an ihrer Aufrichtigkeit gegenüber Tibet ablesen lassen würde. In meiner Rede zum 10. März jenes Jahres – dem neunzehnten Jahrestag des Aufstandes des tibetischen Volkes – appellierte ich an die chinesischen Behörden, sie sollten Ausländern ungehinderten Zugang nach Tibet gewähren. Ich schlug auch vor, sie sollten den Tibetern in Tibet erlauben, ihre Verwandten im Ausland zu besuchen und umgekehrt. Denn ich war der Meinung, daß jeder Kritik der Boden entzogen war, wenn die sechs Millionen Tibeter wirklich so glücklich und wohlhabend waren wie nie zuvor. Andererseits fand ich, daß wir das Recht haben sollten, die Wahrheit dieser Aussagen selbst zu überprüfen.

Zu meiner Überraschung fanden meine Vorschläge offenbar Gehör. Denn nicht lange darauf ließ man die ersten Ausländer nach Tibet einreisen. Und meinen Wünschen entsprechend, ermöglichte man es Tibetern in und außerhalb Tibets, Verwandtenbesuche abzustatten, auch wenn die Erlaubnis in beiden Fällen nicht uneingeschränkt erteilt wurde.

(Buch der Freiheit, 274–275)

DIE POLITIK DER AUSROTTUNG

Seit die erste Untersuchungskommission vor nun schon mehr als zehn Jahren zurückgekehrt ist, sind ihre Ergebnisse durch zahlreiche andere Quellen bestätigt worden: durch weitere Delegationen von Tibetern, ausländische Touristen und Journalisten und sogar einige wohlwollend gesinnte Chinesen. Trotz einiger Fortschritte in materieller Hinsicht hat sich die Situation in der Zwischenzeit leider weiter für uns verschlechtert. Inzwischen wissen wir, daß mehr als dreihunderttausend chinesische Soldaten in Tibet stationiert sind, viele davon entlang der noch immer umstrittenen Grenze zu Indien. Mindestens fünfzigtausend befinden sich weniger als eine Tagereise von Lhasa entfernt. Obendrein lagert China mindestens ein Drittel seines nuklearen Arsenals auf tibetischem Boden. Da Tibet eines der größten Uranvorkommen der Erde aufweist, haben die Chinesen weite Teile des Landes mit radioaktivem Müll, der im Bergbau entstanden ist, verseucht. Außerdem befindet sich in Amdo, der nordöstlichsten Provinz Tibets, das größte bekannte Gefangenenlager. Schätzungen zufolge ist es groß genug, um bis zu zehn Millionen Gefangene aufzunehmen.

Infolge eines massiven Umsiedlungsprogramms übersteigt der chinesische Anteil der Bevölkerung in Tibet inzwischen den der Tibeter um einiges. Für meine Landsleute besteht die große Gefahr, daß sie eines Tages nur noch eine Touristenattraktion in ihrem eigenen Land sein werden. (Buch der Freiheit, 288–292)

DIE WAHRHEIT ERZÄHLEN

Viele der Tibet-Besucher, die ich kennenlernte, erwähnten, vor ihrer Reise seien sie prochinesisch eingestellt gewesen; die Situation jedoch, die sie vorfanden, habe zu einem Meinungsumschwung geführt. Und viele, die prinzipiell nicht an Politik interessiert waren, verspürten nun den Drang, ihre Haltung zu ändern. Ich erinnere mich besonders an einen Norweger, der mir erzählte, er habe die Chinesen für die Ausmerzung der Religion bewundert. Inzwischen aber sei er bereits zweimal in Lhasa gewesen und habe gesehen, was dort wirklich geschehe. Er wollte wissen, ob er irgend etwas für mein Volk tun könne. Meine Antwort war dieselbe, die ich allen gebe, die in Tibet waren und diese Frage stellen: Das Beste, was sie tun können, ist, so vielen Menschen wie möglich die Wahrheit darüber zu erzählen, was sie gesehen haben. Auf diese Weise erfahren mehr und mehr Menschen auf der Welt von der Tragödie Tibets. (Buch der Freiheit, 299–300)

DER FÜNF-PUNKTE-FRIEDENSPLAN

Nach meiner Ankunft in Amerika hielt ich am 21. September 1987 meine Ansprache auf dem Capitol Hill. Die Vorschläge, die ich unterbreitete, kennt man inzwischen als den Fünf-Punkte-Friedensplan. Dieser sieht vor:

1. Umwandlung des gesamten Gebiets von Tibet in eine Friedenszone;

2. Beendigung der Politik der Umsiedlung von chinesischen Volkszugehörigen, welche die Existenz der Tibeter als eigenständiges Volk bedroht;

3. Respektierung der fundamentalen Menschenrechte und der demokratischen Freiheiten des tibetischen Volkes;

4. Wiederherstellung und Schutz der natürlichen Umwelt Tibets und Aufgabe der chinesischen Ausbeutung Tibets zum Zweck der Herstellung von Kernwaffen und der Lagerung von radioaktivem Abfall;

5. Beginn von ernsthaften Verhandlungen über den künftigen Status Tibets und die Beziehungen zwischen den Völkern Tibets und Chinas. (Buch der Freiheit, 302–303)

SINNLOSIGKEIT DER GEWALT

Chinas Hinhaltetaktik führte zu den vorhersehbaren Resultaten: Am 5. März 1989 kam es in Lhasa wieder zu Demonstrationen, die drei Tage dauerten. In einem allgemeinen Ausbruch der Unzufriedenheit, wie es ihn in dieser Heftigkeit seit 1959 nicht mehr gegeben hatte, gingen viele Tausende auf die Straßen. Im Gegensatz zu früher hielten sich die Sicherheitskräfte am ersten Tag im Hintergrund, beobachteten und filmten das Geschehen lediglich; Ausschnitte davon wurden dann am Abend im Fernsehen gezeigt. An den beiden darauffolgenden Tagen aber reagierten sie mit Schlagstockeinsätzen und wahllosen Erschießungen. Zeugenaussagen zufolge schossen sie mit Maschinengewehren in tibetische Häuser, wodurch ganze Familien ums Leben kamen.

Leider griffen die Tibeter daraufhin nicht nur die Polizei- und Sicherheitskräfte an, sondern in einigen Fällen auch unschuldige chinesische Zivilisten. Das stimmte mich sehr traurig, da es sinnlos ist, daß Tibeter zur Gewalt greifen. Wir sind sechs Millionen Tibeter gegen mehr als eine Milliarde Chinesen, die, wenn sie wollen, das gesamte tibetische Volk auf einen Schlag vernichten können. Es wäre viel sinnvoller, wenn die Menschen versuchten, ihre vermeintlichen Feinde zu verstehen. Anderen verzeihen zu lernen ist viel nützlicher, als einen Stein in die Hand zu nehmen und ihn dem Objekt unseres Zornes entgegenzuschleudern, besonders dann, wenn die Versuchung dazu groß ist. Denn gerade in Zeiten der größten Not besteht auch die beste Möglichkeit, für sich und andere etwas Gutes zu tun.

Mir ist aber bewußt, daß solche Worte für die meisten Menschen wirklichkeitsfremd sind. Ich verlange damit zu viel. Es ist nicht richtig, daß ich von den Tibetern, die Tag für Tag in einem solchen Elend leben, verlange, die Chinesen auch noch zu lieben. Während ich die Anwendung von Gewalt also nie gutheißen werde, akzeptiere ich, daß Gewalt zuweilen nicht verhindert werden kann.

Trotz aller bedauerlichen Zwischenfälle empfinde ich große Bewunderung und tiefen Respekt angesichts des Muts meiner Landsleute. Viele der Menschen, die an den Demonstrationen teilnahmen, waren Frauen, Kinder und alte Menschen. In der ersten Nacht wurden bereits Hunderte von Männern festgenommen. Es waren also hauptsächlich deren Familienangehörige, die ihre Gefühle am zweiten und dritten Tag so deutlich zum Ausdruck brachten. Viele von ihnen sind heute wahrscheinlich tot. Und eine noch größere Zahl von Menschen steckt noch immer in Gefängnissen, in denen sie täglich geschlagen und gefoltert werden. (Buch der Freiheit, 318)

DIE MACHT, DIE AUF GEWEHRE SETZT, IST NUR VON KURZER DAUER

Der Vorsitzende Mao hat einmal gesagt, die politische Macht rühre vom Lauf der Gewehre her. Damit hatte er nur zum Teil recht: Die Macht, die auf Gewehren basiert, ist nur von kurzer Dauer. Am Ende triumphiert die Liebe der Menschheit für Wahrheit, Gerechtigkeit, Freiheit und Demokratie. Ganz gleich, was Regierungen auch tun mögen, am Ende setzt sich immer die Menschlichkeit durch.

Diese Wahrheit erfuhr ich Ende 1989, als ich zufällig an dem Tag in Berlin war, als Egon Krenz gestürzt wurde. Durch die Hilfe der DDR-Behörden gelang es mir, auf die Mauer zu steigen. Als ich dort oben stand, dicht vor einem noch bemannten Wachturm, reichte mir eine alte Frau wortlos eine rote Kerze. Bewegt zündete ich sie an und hielt sie empor. Einen Augenblick lang drohte die kleine flackernde Flamme zu erlöschen, wurde dann aber wieder größer. Und während sich die Menschen um mich herumscharten und meine Hände berührten, betete ich, daß das Licht des Mitgefühls und des Bewußtseins die Welt erfüllen und die Finsternis der Angst und Unterdrückung vertreiben möge. Es war ein Augenblick, den ich nie vergessen werde. (Buch der Freiheit, 321–322)

PRAKTISCHES BEKENNTNIS

Ich kann nicht verstehen, wie sich die edlen Ideale so vieler guter Männer und Frauen in sinnlose Barbarei verwandeln konnten. Und ich verstehe auch nicht, was die Menschen in der chinesischen Führungsspitze veranlaßte, die Ausrottung des tibetischen Volkes zu betreiben. China scheint ein Land zu sein, das seinen Glauben verloren hat, und als Folge davon hat das chinesische Volk im Laufe der letzten vier Jahrzehnte selbst unsägliches Leid erfahren müssen – alles im Namen des Kommunismus.

Trotzdem bleibt die Verwirklichung des Kommunismus eines der bedeutendsten menschlichen Experimente, und ich leugne nicht, daß ich anfangs sehr von seiner Ideologie beeindruckt war. Wie ich aber bald herausfand, bestand das Problem darin, daß der Kommunismus zwar vorgibt, „dem Volk" zu dienen – für das es „Volkshotels", „Volkskrankenhäuser" etc. gibt –, daß mit „Volk" aber nicht jeder Mensch gemeint ist, sondern lediglich jene, deren Ansichten von einigen wenigen als „die Ansichten des Volkes" definiert werden.

Einen Teil der Verantwortung für die Exzesse des Kommunismus trägt aber der Westen. Die Feindseligkeit, auf die die ersten marxistischen Regierungen im Westen stießen, ist sicherlich auch ein Grund für die oft lächerlichen Vorsichtsmaßnahmen, welche diese anwandten, um sich zu schützen. Alles und alle erregten ihr Mißtrauen; das Mißtrauen aber macht die Menschen unglücklich, da es einem menschlichen Grundzug widerspricht, nämlich dem Wunsch, anderen Menschen zu trauen. Beispielhaft dafür ist eine Episode, die mir bei meinem Moskau-Besuch im Jahre 1982 widerfuhr, als ich Lenins Zimmer im Kreml besichtigte. Während eine Fremdenführerin mechanisch die offizielle Geschichte der Russischen Revolution aufsagte, behielt mich ein Sicherheitsbeamter in Zivil, der keine Miene verzog, die ganze Zeit über im Auge, sichtlich bereit, jeden Augenblick auf mich zu schießen.

Wenn ich überhaupt einer politischen Richtung angehöre, dann bin ich wohl noch immer ein halber Sozialist. Ich habe nichts gegen den Kapitalismus, solange er in einer menschlichen Weise praktiziert wird. Aufgrund meiner religiösen Vorstellungen tendiere ich jedoch in Richtung Sozialismus und Internationalismus, die sich eher mit den buddhistischen Prinzipien vereinbaren lassen. Was mir auch am Sozialismus gefällt, ist die Auffassung, daß der Mensch letztlich selbst für sein Schicksal verantwortlich ist. Genau dasselbe besagt auch der Buddhismus.

Dem steht allerdings die Tatsache gegenüber, daß in den kapitalistischen Ländern mit einer demokratischen Grundordnung weit mehr Freiheit herrscht als in jenen Ländern, die das kommunistische Ideal verfechten. Daher bin ich für eine Regierungsform, die darauf ausgerichtet ist, der gesamten Gesellschaft in humaner Weise zu dienen: den Jungen, den Alten und den Behinderten ebenso wie denen, die direkt zur Produktivität der Gesellschaft beitragen.

Wenn ich wählen müßte, würde ich einer der Umwelt-Parteien meine Stimme geben. Eine der erfreulichsten Entwicklungen der jüngsten Zeit ist das auf der ganzen Erde zunehmende Bewußtsein von der Bedeutung der Natur für das menschliche Leben. Das hat nichts mit Religion zu tun. Sich um unseren Planeten zu kümmern ist dasselbe, wie sich um das eigene Haus zu kümmern. Da wir Menschen ein Teil der Natur sind, ist es sinnlos, wenn wir uns gegen sie richten, weshalb ich auch behaupte, daß Umweltschutz keine Frage der Religion, der Ethik oder der Moral ist. Dergleichen ist Luxus, da wir auch ohne sie überleben können. Wenn wir die Natur aber weiterhin zerstören, werden wir nicht überleben.

Wir müssen dies einsehen. Wenn wir die Natur aus dem Gleichgewicht bringen, wird die Menschheit den Schaden haben. Außerdem müssen wir auch an künftige Generationen denken. Das Recht auf eine intakte Umwelt ist ein Menschenrecht wie jedes andere. Es gehört zu der Verantwortung, die wir anderen gegenüber haben, daß wir die Welt so hinterlassen, wie wir sie vorgefunden haben – wenn nicht in einem besseren Zustand. Dieser Vorschlag ist gar nicht so schwer umzusetzen, wie man zunächst meinen möchte. Denn während unserem Tun als Individuen Grenzen gesetzt sind, gibt es für einen weltweiten Ansatz keine Grenzen. Jeder einzelne von uns muß alles tun, was in seinen Kräften steht, auch wenn es nicht viel ist. Auch wenn es so scheint, als spiele es keine Rolle, ob wir zum Beispiel beim Verlassen eines Raumes das Licht ausschalten oder nicht, heißt das nicht, daß wir es nicht tun sollten.

Als buddhistischer Mönch meine ich, daß der Glaube an das Konzept des Karma im täglichen Leben von großem Nutzen ist. Wenn wir den Zusammenhang zwischen Ursache und Wirkung akzeptieren, achten wir viel eher darauf, welche Auswirkungen unsere Handlungen auf andere und auf uns selbst haben.

So sehe ich trotz der Tragödie, die sich in Tibet abspielt, viele gute Ansätze auf der Erde. Besonders ermutigt mich, daß sich anstelle eines blinden Konsumverhaltens langsam das Bewußtsein durchsetzt, daß wir mit den natürlichen Ressourcen der Erde besser haushalten müssen. Dies ist unbedingt notwendig, denn wir Menschen sind Kinder der Erde. Obwohl unsere gemeinsame Mutter das Verhalten ihrer Kinder bisher toleriert hat, zeigt sie uns nun, daß sie die Grenzen ihrer Toleranz erreicht hat.

Ich bete dafür, daß es mir eines Tages gelingen wird, diese Botschaft der Rücksichtnahme auf die Umwelt und auf die Mitmenschen auch nach China zu bringen. Da der Buddhismus den Chinesen keineswegs fremd ist, glaube ich, daß ich ihnen auf eine praktische Weise dienen könnte. Der Vorgänger des letzten Panchen Lama vollzog einmal eine Kalacakra-Einweihung in Beijing; wenn ich dasselbe täte, wäre es also nicht das erste Mal. Denn als buddhistischer Mönch gilt mein Interesse und meine Anteilnahme allen Mitgliedern der menschlichen Familie wie überhaupt allen leidenden Lebewesen.

Dieses Leiden wird durch Unwissenheit verursacht, daß nämlich Menschen im Streben nach ihrem eigenen Glück und ihrer eigenen Befriedigung anderen Leid zufügen. Der Schlüssel zum wahren Glück aber ist der innere Frieden, den man erlangt, indem man seine Liebesfähigkeit, sein Mitgefühl und seine Hinwendung zum Mitmenschen entwickelt und Zorn, Egoismus sowie Habgier bekämpft. (Buch der Freiheit, 327–329)

II

UNSER WUNSCH NACH GLÜCK

DER WERT DER GÜTE

Je mehr Leute ich treffe, um so stärker wird meine Überzeugung, daß alle Menschen gleich sind. Jeder möchte Glück und möchte kein Leid und jeder hat das Recht, glücklich zu sein. Ich spreche hier nur als ein weiteres menschliches Wesen, nicht als Buddhist, nicht als Tibeter. Diese Besonderheiten lasse ich im Augenblick außer acht; und vergessen auch Sie in diesem Augenblick, wenigstens ein paar Minuten lang, die Unterschiede. Konzentrieren Sie sich nur auf Ihr Menschsein, fühlen Sie: „Ich bin eine weitere Schwester, ein weiterer Bruder in der Familie der Menschen." Auf dieser Ebene können wir uns besser verstehen.

Ich glaube, die glücklichste Zeit in unserem Leben war, als wir klein waren und erlebten, wie uns unsere Eltern ihre echte, aufrichtige Liebe und Güte zeigten. Die Gefühle eines solchen Augenblicks sind, wie ich glaube, die glücklichsten Erlebnisse. Jeder von uns Menschen wächst und überlebt unter dem Schutz dieser Zuneigung und Güte der Eltern.

Dann werden wir älter. Nehmen Sie mich selbst zum Beispiel: Hier und da kommen weiße Haare am Kopf und am Bart. Sie nehmen immer mehr zu. Und auch meine beiden Weisheitszähne sind nicht mehr da. Das bedeutet: der Dalai Lama hat seine Weisheit verloren. Das sind die Zeichen des Alters. Wir alle müssen diesen Weg gehen, falls wir ein langes Leben möchten. Wenn dieser Lebensabschnitt kommt, lernen wir wieder den großen Wert der freundlichen Hilfe der anderen kennen; denn dann sind wir sehr stark auf die Güte der anderen angewiesen.

Der erste und der letzte Abschnitt unseres Lebens zeigen also, wie äußerst wichtig Güte ist. Zwischen diesen beiden Abschnitten, wenn man aufgewachsen, erzogen und ausgebildet ist, fühlt man sich unabhängiger. Darüber vergißt man leicht den Wert der Güte. Aber auch in dieser Periode ist es viel besser, wenn wir den Wert der Güte klar erkennen, und in diesem Bewußtsein auch selbst mit Güte unser Leben führen. Der Grund dafür ist folgender:

Wir möchten glücklich sein. Glück entsteht aus geistigem Frieden. Frieden im Geiste kommt von liebender Zuwendung und Güte. Je wärmer das Herz des Menschen ist, desto mehr Frieden, Ausgeglichenheit und Glück erlebt er. Je weniger gütig das Herz des Menschen ist, je mehr er aufbrausend und haßerfüllt ist, desto weniger inneren Frieden, Ruhe und Glück erfährt er. Außerdem möchte jeder gern viele Freunde. Niemand wünscht sich Feinde. Wer aber macht Freunde, wer Feinde? Der Schöpfer von Freunden ist Güte und Altruismus, die Einstellung eines warmen Herzens. (Yoga des Geistes, 77–78)

ALLE MENSCHEN SIND GESCHWISTER

„Die Welt ist mein Heimatland, die Menschen sind meine Geschwister, und Gutes zu tun ist meine Religion." Thomas Paine kam mit diesen Worten über Bedeutung und Notwendigkeit von Religion dem Buddha sehr nahe. Heutzutage neigen die Menschen zu einer eher oberflächlichen Betrachtungsweise von Religion und versuchen, andere Quellen zu erschließen, um Glück und Befriedigung zu erlangen. Die gewaltigen Errungenschaften in Wissenschaft und Technik haben der Menschheit einen beispiellosen materiellen Nutzen gebracht. Es besteht jedoch die Gefahr, daß dieser materielle Fortschritt falsche Auffassungen darüber stärkt, was wahrhaftes Glück herbeiführt. Eine genaue Untersuchung dieser Entwicklung wird zeigen, daß die Ansicht, materieller Fortschritt sei gleichzusetzen mit dem Anwachsen von Glück, nicht haltbar ist.

Materieller Fortschritt allein kann den Menschen unmöglich endgültiges und dauerhaftes Glück bringen. Er wird immer neues Verlangen nach weiterem Fortschritt entfachen. Trinkt man Salzwasser, so nimmt der Durst nur noch zu. Annehmlichkeiten, die nur aufgrund äußerer Faktoren entstehen, sind vorübergehend und bilden eine Grundlage für die Vermehrung von Begierden, die wiederum unausweichlich mehr und mehr Schwierigkeiten und Leiden erzeugen. Wirkliches Glück muß von innen kommen. Einzig die Freude und die Zufriedenheit, die der inneren Kraft des Geistes entspringen, sind wahrhaft und beständig.

Es ist eine unbestreitbare Tatsache, daß der Geist dem Körper übergeordnet ist. Religion, mit dem Sanskrit-Wort *Dharma* genannt, diszipliniert den Geist. Der Geist ist der Architekt all unseres Glücks und Leids. Der Geist ist der Meister; Körper und Rede sind seine Diener. Der Buddhismus lehrt uns, daß wir einen unerschütterlichen Frieden im Geist erlangen können, wenn wir unsere menschliche Energie dafür einsetzen und solange danach streben, bis das Ziel erreicht ist.

Die Mischung aus Glück und Leid, die das Leben jedes gewöhnlichen Wesens ausmacht, ist das Resultat seiner Gedanken, seiner körperlichen Handlungen und sprachlichen Aktivitäten in früheren Leben. Ein undisziplinierter Geist drückt seine schlechten Gedanken durch schlechte äußere Handlungen aus, welche wiederum schlechte Eindrücke im Geist hinterlassen. Letztere reifen heran, sobald äußere Stimulatoren auftreten, und lassen den Geist die Resultate der früheren Handlungen erleiden. Wenn wir Leid erfahren, so liegen also die fernen Ursachen unseres Elends in der Vergangenheit. Alle Freuden und Leiden haben einen geistigen Ursprung; und Religion ist notwendig, weil man sonst den Geist kaum beherrschen und disziplinieren kann.

Von allen Existenzformen ist die als Mensch die kostbarste. Wenn ein Wesen in menschlicher Gestalt wiedergeboren wird, so findet es sich selbst an einem Scheideweg, der in der einen Richtung zum letztlichen Ziel der höchsten Befreiung führt und in der anderen Richtung in den trügerischen Sumpf des Daseinskreislaufes *(saṃsāra)* mit seinen sich immer weiter fortsetzenden Leiden. Wir sollten daher einen weisen Gebrauch von unserer Geburt als menschliches Wesen machen, indem wir unseren Weg zur endgültigen Rettung aus dem Daseinskreislauf beschreiten, diesem Zyklus von immer neuen Geburten, der von Leiden nicht zu trennen ist. Es wäre ein großes Unglück und eine wirkliche Tragödie, wenn wir nicht von dieser kostbaren Gabe des menschlichen Lebens weisen Gebrauch machen würden. Wenn wir es mißbrauchen, so ist es, als ob wir mit leeren Händen von einer Insel voller Gold und Silber zurückkehrten.

Wenn man sein menschliches Leben richtig nutzen möchte, so muß man damit beginnen, die leidverursachenden karmischen Anlagen im Geist sowie deren Ursachen, nämlich Unwissenheit und Leidenschaften, zu zerstören. Man muß sehr angestrengt für die Verwirklichung der zweifachen Ansammlung von Verdienst und Weisheit arbeiten.

Dies beginnt man, indem man liebevolle Güte entfaltet und die ethischen Regeln beachtet. Mit Hilfe dieser Mittel wird man eine Stufe erreichen, auf der man eine Weisheit entfalten kann, die die letztliche Wahrheit zu erkennen vermag. Wendet man diese Erkenntnis mit konzentrierter Anstrengung an, so führt dies unweigerlich zu dem höchsten Gipfel der geistigen Entwicklung, der vollkommenen Erleuchtung *(samyaksaṃbodhi),* die wir Buddhisten zu erreichen wünschen.

In einem Gleichnis ausgedrückt entspräche die liebende Güte dem Blumensamen, das Befolgen der ethischen Gesetzmäßigkeiten dem Feld und die Entfaltung der Weisheit, die die letztliche Bestehensweise der Phänomene erkennt, dem Wachsen der eigentlichen Blume. Das Samenkorn ermöglicht zusammen mit der Erde des Feldes die Reifung der höchst-vollkommenen, alles umfassenden Weisheit und läßt den wunderbaren Gleichmut entstehen, der aus dem höchsten und unaussprechlichen Frieden der Buddhaschaft erwächst.

Das Erreichen dieses höchsten Gutes der Erleuchtung bringt nicht nur wirkliches und dauerhaftes Glück für einen selbst. Es bringt auch, da man die höchsten Qualitäten von Weisheit, Barmherzigkeit und spiritueller Kraft erworben hat, den Besitz von umfangreichen Fähigkeiten, mit denen man jeder Art von Lebewesen zu helfen vermag. Das vorrangige Motiv für die Erlangung der Buddhaschaft läßt sich folgendermaßen ausdrücken: „Um alle Lebewesen aus diesem Ozean der Qualen des Daseinskreislaufes zu befreien und sie in den Zustand der letztlichen Glückseligkeit der Befreiung zu versetzen, muß ich den höchsten und unvergleichlichen Zustand der allwissenden Buddhaschaft erlangen.“ Diese Haltung ist der Erleuchtungsgeist *(bodhicitta).*

(Yoga des Geistes, 90–93)

III

DIE LIEBE VOR ALLEM

DEN INNEREN MANGEL ÜBERWINDEN

In materieller Hinsicht hat die gegenwärtige Generation ein hohes Entwicklungsniveau erreicht. Und doch steht die Menschheit vor vielen Problemen. Einige wurzeln in äußeren Ereignissen oder Ursachen wie etwa Naturkatastrophen, die wir nicht verhindern können. Viele Probleme schaffen wir jedoch selbst durch unsere eigenen geistigen Fehlhaltungen. Wir leiden dann aufgrund eines inneren Mangels. Ich halte diese Probleme für unnötig, denn hätten wir eine richtige geistige Haltung, bräuchten diese von Menschen geschaffenen Probleme nicht zu entstehen.

Sehr oft beruhen sie auf ideologischen Meinungsverschiedenheiten, und leider tragen häufig auch religiöse Glaubensrichtungen dazu bei. Um so wichtiger ist es, daß wir eine richtige innere Haltung haben. Es gibt viele verschiedene Philosophien; von grundlegender Bedeutung aber sind heilende Hinwendung, Liebe, Fürsorge für das Leid anderer und Reduzierung der Selbstsucht. Ich glaube, daß ein Denken, das zu heilender Hinwendung führt, das Kostbarste überhaupt ist. Nur wir Menschen sind fähig, dies zu entwickeln. Wenn wir ein gutes und liebevolles Herz haben und freundlich sind, werden wir selbst glücklich und zufrieden sein, und unsere Freunde erfahren ebenfalls eine freundliche und friedvolle Atmosphäre. Diese kann von Nation zu Nation, von Land zu Land, von Kontinent zu Kontinent erfahren werden.

Das Grundprinzip ist heilende Hinwendung, Liebe zu anderen. Allem liegt das Ich-Gefühl zugrunde, das auf der konventionellen, relativen Erkenntnisebene durchaus gültig ist – „Ich möchte das", „Ich will das nicht." Wir empfinden dies als ebenso natürlich wie unser Streben nach Glück – „Ich wünsche mir Glück", „Ich möchte nicht leiden." Dies ist nicht nur natürlich, sondern auch richtig und bedarf keiner weiteren Rechtfertigung als der, daß wir ganz selbstverständlich und aufrichtig Glück und nicht Leid wünschen.

Diese Empfindung gibt uns ein Recht, Glück zu erlangen und Leid zu vermeiden. Aber so wie ich selbst dieses Gefühl und dieses Recht habe, haben andere das gleiche Gefühl und das gleiche Recht. Der Unterschied besteht darin, daß ich nur von einer einzigen Person spreche, wenn ich „Ich" sage, während die anderen zahllos sind. Deshalb sollten Sie folgendes visualisieren: Auf der einen Seite stellen Sie sich das eigene Ich vor, das sich bisher nur auf seine eigenen selbstsüchtigen Ziele konzentriert hat. Auf der anderen Seite stellen Sie sich die anderen vor – eine grenzenlose, unendliche Zahl von Wesen. Sie selbst sind eine dritte Person, in der Mitte, die abwechselnd nach beiden Seiten blickt. Hinsichtlich des Wunsches nach Glück und des Vermeidenwollens von Leid sind beide Seiten völlig gleich, ebenso in bezug auf das Recht, Glück zu erlangen. Ganz abgesehen davon aber, wie bedeutend eine selbstsüchtig motivierte Person auch ist, so ist es nur eine einzelne Person, während die anderen, unabhängig davon, wie arm oder unbedeutend sie sind, zahllos sind. Die unvoreingenommene dritte Person kann unmittelbar begreifen, daß die vielen wichtiger sind als der einzelne. Dies hilft uns zu der Einsicht, daß die Mehrheit – die anderen unzähligen Wesen – mehr Bedeutung hat als das einzelne Ich.

Daraus erhebt sich die Frage: Sollen die anderen alle für die Erlangung meines Glückes benutzt werden, oder soll ich mich zur Verfügung stellen, um für die anderen Glück zu erlangen? Wenn ich mich für die unendliche

Zahl von Wesen aufopfere, ist es recht, doch es ist falsch, wenn andere für das singuläre Ich benutzt werden. Selbst wenn ich die anderen be- und ausnutzen kann, werde ich davon nicht glücklich, helfe ich ihnen jedoch, soviel ich kann, wird dies für mich zu einer Quelle großer Freude. Mit einer solchen Einstellung können wir wirkliche Liebe und heilende Hinwendung entwickeln.

Beruht heilende Hinwendung auf solch vernünftigen Argumenten und Ansichten, kann sie sogar auf die Gegner ausgedehnt werden. Normalerweise sind Liebe und Hinwendung mit einem Anhaften an Dinge, die wir mögen, vermischt. So fühlt man Hinwendung und Liebe für die eigene Frau oder den eigenen Mann, für die Eltern und Kinder. Weil hier aber das Anhaften an das uns Vertraute bestimmend ist, kann diese Art von Liebe die Gegner nicht einschließen. Denn wieder geht sie von einer selbstsüchtigen Motivation aus – weil sie *meine* Mutter, *mein* Vater, *meine* Kinder sind, liebe ich sie. Im Gegensatz dazu müssen Bedeutung und Rechte der anderen eindeutig anerkannt werden. Wenn heilende Hinwendung darauf aufbaut, wird sie auch Gegner einschließen können.

Um solch eine Motivation für heilende Hinwendung entwickeln zu können, brauchen wir Toleranz und Geduld. In der Übung von Toleranz ist der Gegner der beste Lehrer. Ihr Gegner kann Sie Toleranz lehren, während Lehrer oder Eltern das nicht können. Unter diesem Gesichtspunkt betrachtet, ist ein Gegner wirklich außerordentlich hilfreich – er ist der beste der Freunde, der beste aller Lehrer. (Logik der Liebe, 35–36)

UMFASSENDE VERANTWORTUNG

Als buddhistischer Mönch gilt meine Fürsorge allen Mitgliedern der menschlichen Familie und in der Tat allen fühlenden Wesen, die leiden. Meiner Auffassung nach wird alles Leid durch Unwissenheit verursacht. Menschen fügen anderen in ihrem selbstsüchtigen Streben nach Glück oder Befriedigung Schmerz zu.

Wirkliches Glück rührt jedoch von einem Gefühl des inneren Friedens und der Zufriedenheit her, die ihrerseits durch Selbstlosigkeit, Liebe und Mitgefühl sowie die Beseitigung von Unwissenheit, Selbstsucht und Habsucht erreicht werden müssen.

Unsere heutigen Probleme – Gewalt und Konflikte, die Zerstörung der Natur, Armut, Hunger etc. – sind von den Menschen geschaffene Probleme, die von den Menschen selbst durch eigene Anstrengungen und Verständnis sowie durch die Entwicklung brüderlicher Gefühle gelöst werden können. Wir müssen ein allumfassendes Verantwortungsgefühl füreinander und für unseren gemeinsamen Planeten entwickeln. Meiner Auffassung nach hat sich meine eigene buddhistische Religion für die Entwicklung von Liebe und Mitgefühl – selbst für diejenigen, die wir für unsere Feinde halten – als hilfreich erwiesen, doch bin ich überzeugt, daß jeder mit oder ohne Religion ein gutes Herz und ein allumfassendes Verantwortungsgefühl entwickeln kann.

(Tibet klagt an, 220)

IV

LEIDEN MINDERN, GLÜCK FINDEN

SCHÄDIGE NIEMANDEN

Was immer unsere Einstellung gegenüber dem Leben sein mag, ob sie nun pragmatisch oder anders ausgerichtet ist: eine grundsätzliche Tatsache, die uns direkt und eindeutig gegenübertritt, ist der Wunsch nach Frieden, Sicherheit und Glück. Alle Wesen streben danach. Der stummen Kreatur ist das Leben genauso lieb wie dem Menschen. Selbst das niederste Insekt strebt nach Schutz vor Gefahren, die sein Leben bedrohen. Wie jeder von uns sich Glück wünscht und Leid fürchtet, wie jeder von uns zu leben und nicht zu sterben wünscht, genau so ist die tiefste Sehnsucht aller anderen Kreaturen.

Die Fähigkeit zum vernünftigen Denken und das Vermögen, sich sprachlich auszudrücken, erheben den Menschen über seine stummen Freunde. Auf der Suche nach Ruhe, Annehmlichkeit und Geborgenheit aber wendet der Mensch allzu häufig ungeeignete oder gar brutale und abstoßende Mittel an. Wenn man aus egoistischen Motiven unmenschliche Grausamkeiten begeht, Mitmenschen oder Tiere foltert, so sind solche Verhaltensweisen im Hinblick auf die Stellung und Entfaltungsmöglichkeit des Menschen völlig unangemessen. Leider sind diese Handlungsweisen beinahe an der Tagesordnung. Solche unweisen Taten bringen einem selbst und den anderen nur Leiden. Für uns, die wir als menschliche Wesen geboren wurden, ist es lebenswichtig, Wohlwollen zu üben und verdienstvolle Handlungen für unseren eigenen Nutzen und den der anderen in diesem und in zukünftigen Leben auszuüben. Als Mensch geboren zu sein, ist ein seltenes Geschick, und wir sollten diese kostbare Gelegenheit so weise, geschickt und heilsam wie möglich nutzen.

Der Buddhismus mit seiner Betonung von universaler Liebe und Mitgefühl ist von Vorstellungen und Idealen durchdrungen, die völlig gewaltlos und friedlich sind. Der Buddhismus bietet zugleich einzigartige und ewig gültige Mittel zur Erreichung von Frieden und Sicherheit, aus denen sowohl Menschen als auch Tiere einen allgemeinen Nutzen ziehen können. Es ist richtig zu sagen, daß liebende Güte und Mitgefühl die beiden Eckpfeiler sind, auf denen das gesamte Gebäude des Buddhismus ruht. Zerstörung oder Verletzung von Leben ist streng untersagt. Das Schädigen oder Töten irgendeines Wesens – von den höchst entwickelten bis zu den geringsten, von einem Menschen bis zum kleinsten Insekt – muß mit allen Mitteln vermieden werden. Der Buddha sagt: „Schädige niemanden! Genauso wie du Zuneigung empfindest, wenn du einen von Herzen geliebten Menschen siehst, so solltest du liebende Güte auf alle Kreaturen ausdehnen." Diejenigen, die dem Mahāyāna-Pfad folgen, werden nicht nur dazu angehalten, ein schädigendes Verhalten zu vermeiden, sondern auch einen starken Sinn für Mitgefühl zu entfalten. Dies birgt ein großes Verlangen in sich, alle fühlenden Wesen aus ihren Qualen und Leiden zu retten.

Die Entfaltung von Großem Erbarmen *(mahāka-ruṇā)* im Geist wird den Boden für die vollständige Reifung des kostbaren Erleuchtungsgeistes bereiten, eine unabdingbare Voraussetzung für das Erlangen des höchsten Zustandes eines Bodhisattva. Jemand wird ein Bodhisattva genannt, wenn er seinen Geist mit reinem Mitgefühl und Gleichmut, die beide dem altruistischen Streben nach Erleuchtung entstammen, angefüllt hat.

(Yoga des Geistes, 105–107)

WIE LEIDEN ERTRAGEN WERDEN KANN

Nur ein Weg schenkt uns in wirklich umfassendem Sinn die Mittel, die uns fest in den Ursachen von Glück und Segen verankern und uns gleichzeitig von den Ursachen von Schaden und Leid befreien: *Dharma,* religiöse Übung, gelebte Religion. Religiöse Übung gibt uns die Kraft, in diesem und in vielen zukünftigen Leben Glück herbeizuführen und Leid zu mindern. In diesem Leben. Im nächsten Leben. In dem Leben, das darauf folgt. Und so weiter.

Auch in unserem jetzigen Leben gibt es nichts, das uns glücklicher machen und unser Leid besser beheben könnte als religiöse Übung. Um diese These zu belegen, wollen wir einmal die Wirkung physischer Krankheit auf verschiedene Menschen betrachten. – Wer im wesentlichen verstanden hat, was Religion *(chos, dharma)* eigentlich bedeutet, wird seelisches und körperliches Leiden anders erfahren und eher lindern können als ein Mensch, der über kein entsprechendes Verständnis verfügt. Wer seine Religion nicht lebt und nicht begreift, worum es bei religiöser Übung überhaupt geht, wer infolgedessen nicht den befreienden Geschmack kennt, den solche Übung schenkt, wird nicht nur unter den Schmerzen leiden, die die körperliche Krankheit ihm zufügt. Er wird darüber hinaus schwer daran tragen, daß er seine Krankheit seelisch nicht bewältigen, sie nicht verarbeiten kann. Ohne Aussicht auf jegliches Glück, leidet er seelisch und körperlich zugleich.

Wer hingegen die wesentlichen Gesichtspunkte religiöser Übung verstanden hat, wird auch die Kraft haben, sein Leiden wie aus freiem Entschluß zu tragen. Er wird sich zum Beispiel sagen, daß sein Leiden die Frucht schlechter Taten aus der Vergangenheit ist, und er wird die Verantwortung für seine früheren Handlungen bereitwillig übernehmen wollen, weil er das Leiden als wesensmäßigen Bestandteil des Kreislaufs der Existenzen begreift. Deswegen leidet er auch nicht seelisch darunter und kann eben darum seine Schmerzen leichter erdulden. Sein Denken nimmt dem krankheitsbedingten Leiden die Spitze. Dies ist möglich, weil in dem Paar von Körper und Geist der Geist den Körper beherrscht, der Körper hingegen der Kontrolle des Geistes unterliegt. Geistig-seelisch bedingter Schmerz und geistig-seelisch bedingte Freude stellen eine größere Macht dar [als die Freuden und Leiden des Körpers].

WAS LEIDEN VERURSACHT

Ähnlich verhält es sich mit Menschen, die nach dem Glück materiellen Reichtums streben. Sie raffen ein Vermögen zusammen und kämpfen darum, dieses Vermögen auch zusammenzuhalten. Sie kämpfen einen Kampf, der sie physisch und psychisch aushöhlt. Ihre Leiden sind zahlreich. Als erstes leiden sie darunter, daß sie doch nicht so viele Schätze zusammentragen konnten, wie sie sich ursprünglich erträumt hatten. Was sie auch horten, es ist zu wenig. Dazu leiden sie darunter, daß sie ihren Reichtum nicht absolut sicher schützen können gegen Diebstahl, Verlust, Wertminderung, Mißwirtschaft und was es dergleichen gibt. Aber selbst damit hat ihr Leiden noch kein Ende, denn sie leiden schließlich, weil ihr Eigentum zwangsläufig in andere Hände fallen wird, und sie sich eines Tages endgültig davon trennen müssen. Solche vermögens- und besitzbedingten Leiden entstehen nur, wenn die zentralen Wahrheiten religiöser Übung nicht verstanden wurden. Wer diese Wahrheiten hingegen verstanden hat, erkennt damit, daß aller Reichtum substanzlos ist wie ein Tautropfen auf einem Grashalm, [der nach Sonnenaufgang schnell verdunstet].

Deswegen unterwirft sich dieser Mensch auch nicht den Leiden, die mit dem ermüdenden Horten und Bewahren von materiellem Reichtum einhergehen, und ebensowenig kann ihn erschüttern, daß er sich eines Tages gegen seinen Wunsch davon wird trennen müssen.

Unfreundliche Worte rufen in ähnlicher Weise eine Wirkung oder eben auch keine Wirkung hervor. Offene Beschimpfungen, versteckter Tadel, Verleumdungen durch andere und so weiter schmerzen uns gewöhnlich wie ein Stachel im Herzen. Sobald wir aber die Prinzipien religiöser Übung begriffen haben, durchschauen wir alle bösen Worte. Sie sind nur Echo, haben keine Substanz und können also auch kein Leid erzeugen. Wenn sie fallen, prallen sie von uns ab wie von einer Wand.

Das gleiche gilt noch für viele andere Formen des Leidens: das Leiden, Feinde nicht endgültig vernichten und Freunde nicht halten zu können; das Leiden, andere gewinnen und sich selbst verlieren zu sehen. Es gilt für alle mit Gewinn und Verlust, Glück und Unglück verbundenen Hoffnungen und Ängste, für allen physischen und psychischen Schmerz, und ist selbst damit noch nicht in seiner Wirkung erschöpft. Dasselbe Prinzip kommt nämlich auch dann zum Tragen, wenn aus der Zwietracht und Feindschaft zwischen den Nationen schreckliche Kriegsverwüstungen entstehen, die das Glück ungezählter Menschen vernichten, so daß nicht einmal das Wort „Glück" noch übrig bleibt, und das Leiden tost wie ein sturmgepeitschtes Meer.

Dies aber bedeutet: die großen und kleinen Leiden dieses Lebens entstehen, wenn die Menschen nicht begreifen, was religiöse Übung tatsächlich heißt und von ihnen verlangt, und wenn sie ferner ihr Verständnis nicht in die Praxis umsetzen.

Alle diese Leiden kommen zu einem Ende, sobald wir Religion verstehen und ihr gemäß leben. Warum? Die eben geschilderten Schwierigkeiten entstehen nur, wenn es Stolz, Geiz und Eifersucht gibt. Sie entstehen in Abhängigkeit von Drei Wurzelursachen: Gier, Haß, Verblendung.

Indem wir diese in der Hauptsache geistig-seelischen Makel durch die Kraft religiöser Übung zum Abklingen bringen und hinter uns lassen, erschließen wir uns ein neues Lebensgefühl: Wir sind zufrieden; wir nehmen unsere tieferen Interessen wahr; wir respektieren andere Menschen und ihre Ansichten; wir sind gewissenhaft. Körper und Geist verweilen konstant in einer heilkräftigen Stille. Kurz, es gibt keine Ursachen mehr, aus denen unerträgliches Leid erwachsen könnte. Wenn wir also in unserem jetzigen Leben Glück und Freude gewinnen und Leiden verhindern wollen, müssen wir unter allen Umständen die Hauptwahrheiten religiöser Übung verstehen und dann praktisch anwenden.

Dabei sollten wir jedoch nicht nur das Glück dieses Lebens im Auge haben. Wie groß das Glück dieses Lebens auch sein mag, es dauert nur bis zum Tod, das heißt bestenfalls einhundert Jahre, denn kaum ein Mensch wird sehr viel älter. Die zukünftigen Leben sind die längere Wanderung, und wir müssen deswegen unsere langfristigen Interessen wahrnehmen: wir müssen uns um die Mittel bemühen, die auch in zukünftigen Leben Glück mehren und Leiden mindern werden. Dies bedeutet, daß wir einen Weg religiöser Übung gehen müssen, denn kein anderer Weg kann ein solches Glück herbeiführen.

(Das Auge 36–39)

DANKBARKEIT GEGENÜBER UNSEREN MITGESCHÖPFEN

Es gibt unterschiedliche Methoden, die man zur Entwicklung des Erleuchtungsgeistes anwenden mag. Eine grundsätzliche Überlegung jedoch ist, daß der Zyklus der Geburten eines jeden Wesens im Daseinskreislauf ohne Anfang ist und daß wir einander in früheren Leben unzählige Male Mütter gewesen sind. Die Empfindungen der Mutter für ihr Kind sind ein klassisches Beispiel für liebevolle Güte. Eine Mutter ist bereit, für die Sicherheit, den Schutz und das Wohlergehen ihres Kindes ihr eigenes Leben hinzugeben. Die Kinder sollten dies erkennen, ihrer Mutter dankbar sein und ihre Dankbarkeit durch fürsorgliche Handlungen der Mutter gegenüber zum Ausdruck bringen. In der gleichen Weise strebt ein Mensch, der vom Erleuchtungsgeist motiviert ist, mit aller Kraft nach dem Wohl aller anderen Wesen. Er wird sie wie seine eigene Mutter behandeln. In Erwiderung mütterlicher Güte wird er ständig bestrebt sein, nur Gutes zu tun.

Die Entwicklung des erhabenen Wunsches, die Buddhaschaft zu erlangen, das Üben von Freigebigkeit, ethischem Verhalten, Nachsicht, Güte und anderen Tugenden gereichen alle zum Wohle der Lebewesen. Zu deren Nutzen sollten diese veredelnden und erhabenen Eigenschaften erstrebt werden.

Die Wesen, die diese Erde bewohnen – Mensch oder

Tier –, tragen alle, jedes in seiner besonderen Weise, zur Schönheit und zum Reichtum dieser Welt bei. Viele Kreaturen haben einzeln oder vereint große Mühen durchgemacht, denen wir die angenehmen Dinge unseres Lebens verdanken. Die Nahrung, die wir zu uns nehmen, die Kleidung, die wir tragen, sind nicht einfach vom Himmel gefallen. Viele Lebewesen haben zu ihrer Entstehung beigetragen. Deshalb sollten wir all unseren Mitgeschöpfen dankbar sein. Mitgefühl und liebevolle Zuneigung sind der Garant für Fortschritt und Glück. Lassen Sie uns deshalb zum Wohle aller Liebe und Mitgefühl üben. (Yoga des Geistes, 109–110)

WAS FÜR DIE MENSCHHEIT LEBENSWICHTIG IST

Ich persönlich denke und sage es auch anderen Buddhisten, daß die Frage nach dem Nirvana später kommt. Das hat keine Eile. Wenn wir im täglichen Leben gut und ehrlich sind, voller Liebe, heilender Hinwendung und weniger Selbstsucht, so wird das von selbst zum Nirvana führen. Wenn wir aber im Gegensatz dazu über das Nirvana reden, philosophieren und uns dabei kaum um die tägliche Praxis kümmern, erlangt man vielleicht ein etwas sonderbares Nirvana, das aber mit Gewißheit nicht das echte ist, weil die tägliche Praxis fehlt.

Wir müssen diese wertvollen Lehren in unserem täglichen Lebensvollzug verwirklichen. Ob Sie an Gott glauben oder nicht, ob Sie an Buddha glauben oder nicht, ob Sie als Buddhist an Wiedergeburt glauben oder nicht, darauf kommt es nicht so sehr an. Sie müssen ein gutes Leben führen. Und ein gutes Leben besteht nicht einfach in guten Speisen, schöner Kleidung und komfortabler Unterkunft. Das reicht nicht aus. Was wir brauchen, ist eine gute Motivation: heilende Hinwendung ohne Dogmatismus, ohne komplizierte Philosophie; indem wir einfach verstehen, daß die anderen unsere Brüder und Schwestern sind, und ihre Rechte sowie ihre menschliche Würde achten. Daß wir Menschen einander helfen können, ist eine unserer einzigartigen menschlichen Fähigkeiten. Wir müssen am Leiden anderer Menschen Anteil nehmen. Selbst wenn Sie nicht mit Geld helfen können, so ist es doch in sich wertvoll, Anteilnahme, moralische Unterstützung und Sympathie auszudrücken. Das sollte die Basis für unser Handeln sein. Ob man es Religion nennt oder nicht, ist zweitrangig. (Logik der Liebe, 38–39)

STREBEN NACH DEM WOHL DER ANDEREN

Obwohl es viele verschiedene Methoden zur Disziplinierung des Geistes gibt, ist es doch von immenser Bedeutung, vor allem an das Wohl der anderen zu denken. Wohlmeinende Gedanken für andere bringen nicht nur ihnen, sondern auch uns selbst Glück. Denken wir hingegen nur an unser eigenes Wohl, an unsere eigenen Annehmlichkeiten, so kann daraus nichts anderes als Leid entstehen. Daher sagt der große indische Gelehrte und Heilige Śāntideva: „Alles Leid in dieser Welt entsteht aufgrund des egoistischen Verlangens nach eigenem Glück und Wohlergehen. Jedes Glück aber ist das Resultat des selbstlosen Strebens nach dem Wohlergehen und Glück der anderen."

Glück, sei es nun vorübergehend oder letztlich, ist ein direktes oder indirektes Resultat des aufrichtigen Strebens nach dem Wohl der anderen. Die hauptsächliche Ursache für Leid ist das egoistische Verlangen nach eigenem Glück und Wohlergehen. Für unsere von Streit geplagte Welt hat dies volle Gültigkeit, ganz gleich, ob die besagten Leiden in großem Ausmaß auftreten, zum Beispiel durch Unstimmigkeiten zwischen zwei Nationen oder durch eine verwerfliche Handlung, die den Verlust vieler Leben herbeiführt, oder ob es sich um Leiden von geringerem Umfang handelt wie beispielsweise das Gezänk unter Tieren. In all diesen Fällen ist Egoismus die eigentliche Ursache. Ist die Zusammenarbeit zwischen Nachbarn und Nationen von wohlwollenden Gedanken füreinander motiviert, haben diese Motive höchsten Wert. Es ist angebracht, dem selbstlosen Streben für das Wohl und das Glück der anderen ein größeres Gewicht zu verleihen als dem egoistischen Streben nach eigener Seligkeit und eigenem Glück. Allgemein gesagt fühlen sich alle Wesen – da sie ein Bewußtsein besitzen – unwohl, wenn sie mit etwas Unangenehmem zusammentreffen, das sie nicht ertragen können, ganz gleich, wie schwach dieses Unangenehme auch sein mag.

Hat man einmal erkannt, daß auch die anderen leiden, wenn sie auf Dinge stoßen, die ihnen Unbehagen bereiten, dann sollte man jede mögliche Anstrengung machen, um zu verhindern, daß man ihnen auf irgendeine Weise Leiden oder Schmerz zufügt. Dieser Grundsatz kann Fundament sein für Frieden und für die Anwendung der Mittel, die einen Weltfrieden zustandebringen und festigen, wie etwa die Abrüstung. Wenn alle Gedanken, die Leiden hervorrufen können, wie etwa die Absicht, auf die Mittel des Krieges zu vertrauen, aus dem Geist verbannt werden, so werden auch Rede und Tat, die beide dem Denken entspringen, von schlechten Absichten frei. Außerdem hängt der Erfolg der Abrüstungsbemühungen und anderer Friedensbewegungen von der Entschlossenheit ab, den Frieden tatsächlich zu erwirken. Diese Entschlossenheit aber ist zunächst ein geistiger Prozeß, der dann in sprachliche und körperliche Handlungen umgesetzt wird. Wenn indes Rede und Tat nicht von einer festen Intention des Geistes getragen werden, kann man mit ihnen nichts erreichen, so sehr man sich auch bemüht.

Grundsätzlich gilt, daß die Unfähigkeit zur Disziplinierung und Beherrschung des Geistes die Grundlage aller Schwierigkeiten und Probleme in der Welt ist. Deshalb, ganz gleich, ob wir an Wiedergeburt glauben oder nicht: Hegen wir in unserem Leben wohlwollende Gedanken gegenüber allen Wesen – angefangen bei den Menschen bis hin zu den kleinsten Insekten –, so wird diese Welt unausweichlich zu einem Ort, wo wir ein glücklicheres Leben führen können. Glück für uns und andere wird erreicht, indem wir uns hauptsächlich auf das Wohl der anderen konzentrieren.

Die Welt braucht heute liebevolle Zuneigung und Mitgefühl. Es ist von größter Bedeutung, daß wir freundliche Gedanken für andere bis zu einem Punkt kultivieren, wo diese gütige Denkweise zu einer fest verwurzelten Gewohnheit des Geistes geworden ist.

(Yoga des Geistes, 103–105)

V

DER WEG
ZUR ERLEUCHTUNG

DIE INNERE ZUFRIEDENHEIT FINDEN

Ich glaube, daß Genügsamkeit selbst für Menschen, die keine Religion ausüben, sehr wichtig ist. Wenn man genügsam ist, wird man durch diese Genügsamkeit innere Zufriedenheit finden, und durch Zufriedenheit erfährt man geistige Ruhe, inneren Frieden. Wer keine Genügsamkeit kennt, unersättlich immer nach mehr und mehr verlangt, kann selbst den ganzen Globus besitzen und wird doch noch nicht zufrieden sein, sondern noch weiter immer mehr wollen. Ohne Genügsamkeit findet man keine Grenze, und als Resultat bleibt ein immerwährender Hunger. Selbst wenn man dann sehr reich ist, bleibt noch dieser ständige Hunger nach mehr. Das Resultat ist: Kein guter Schlaf, keine Entspannung, selbst beim Essen ist man in Eile, muß hier etwas nehmen und dort etwas, nie hat man genug. So sehen Sie: In Wirklichkeit verlieren Sie durch diesen Mangel an Genügsamkeit und durch zuviel Habgier Ihr eigenes Glück und werden zu einem Sklaven des Geldes. Das ist nicht richtig. Besonders für jemanden, der Dharma ausübt, der heilsame geistige Werte verfolgt, ist Genügsamkeit sehr wichtig und notwendig. (Yoga des Geistes, 28)

MEDITIEREN IM ALLTAG

Angenommen, Sie sind ein Mensch, der sich zur Mittelklasse zählt. Sehr gut. Stehen Sie in Ihrem normalen Alltag am frühen Morgen auf und verbringen Sie zumindest ein paar Minuten, wenn möglich eine halbe oder eine ganze Stunde, mit Meditation. Selbst wenn Sie nicht die tiefere Bedeutung kennen, richten Sie Ihre Gedanken ganz einfach nach innen, und versuchen Sie, einige Erfahrungen über die Natur des Geistes zu gewinnen. Diese Natur ist klares Licht. Versuchen Sie es, es wird Ihnen in dem Moment eine gewisse Entspannung und Erholung geben, und Sie werden auch mehr innere Ruhe gewinnen. Zudem trägt das nach innen gerichtete Denken, die nach innen gerichtete Meditation, dazu bei, Ihren Geist zu schärfen, und auf diesem Wege wird auch die Kraft Ihres Gedächtnisses gestärkt. Das ist etwas, was Sie selbst im Geschäftsleben brauchen. Ein klarer, scharfer Verstand und ein gutes Gedächtnis sind sehr nützlich. Dann brauchen Sie keine Notizen, müssen nicht bei jeder Neuigkeit schnell nach ihrem kleinen Notizbuch greifen. Denn alles können Sie oben im Kopf abspeichern. So ist die Schärfung des Geistes selbst im weltlichen Leben von großem Nutzen. Verbringen Sie also ein paar Minuten oder eine Stunde mit Meditation. Nehmen Sie danach ein gutes Frühstück zu sich, und gehen Sie dann Ihren üblichen Geschäften nach.

Bleiben Sie bei Ihrer Arbeit ein guter Mensch, ein ehrlicher Mensch. Hegen Sie keine Gefühle von Haß und Wut auf andere. Wenn jemand Ihnen gegenüber etwas falsch macht, dann können Sie durchaus in der richtigen Weise und im richtigen Maß reagieren, wie es den jeweiligen Umständen angemessen ist, ohne Ihre Geduld, Ihr Mitgefühl und Ihren inneren Frieden zu verlieren. Verhalten Sie sich in dieser Weise. So zu handeln, ist besonders in der Wettbewerbsgesellschaft wichtig.

Dann, am Abend, gehen Sie nicht in den Nachtklub oder hierhin und dorthin, sondern bleiben Sie zu Hause, entspannen Sie sich, sehen Sie von Zeit zu Zeit in den Fernseher, hören Sie die Nachrichten, und wenn Sie es wirklich benötigen, nehmen Sie ein leichtes Getränk, vielleicht etwas Bier, zu sich. Nehmen Sie sich dann noch einmal etwas Zeit zur Meditation. Fragen Sie sich, was Sie an diesem Tag wirklich getan haben. Prüfen sie, rechnen Sie nach. Oft rechnen Sie Ihr Geld nach, wieviel Sie am Tag ausgegeben haben, wieviel Sie eingenommen haben, auch das ist wichtig; aber noch wichtiger ist, daß Sie die Taten des Tages nachrechnen, was Sie an falschen Dingen getan haben und was Sie an guten Dingen getan haben. Bekennen sie sich Ihre schlechten Handlungen und bereuen Sie sie, freuen Sie sich über die guten Handlungen, und fassen Sie dabei den festen Entschluß, daß Sie auch in Zukunft weiter so handeln wollen. Dann legen Sie sich zum Schlafen, sehr ruhig – auch ohne Schlaftablette. (Yoga des Geistes, 29–31)

QUELLE DES GLÜCKS

Genügsamkeit ist eine Quelle des Glücks. Wenn wir in die Geschichte sehen, die vielen Tragödien der Menschheit betrachten, die vergangenen Kriege, so können wir feststellen, daß ein Urheber dieser Tragödien der Mangel an Genügsamkeit und Zufriedenheit ist. Sie sind darauf zurückzuführen, daß man nicht genug haben kann, auf dieses unstillbare Verlangen nach immer noch mehr, sei es auf dem Gebiet der Macht, auf wirtschaftlichem Gebiet oder in anderen Bereichen. Die Folge davon ist zwangsläufig das Aufeinanderstoßen der verschiedenen Interessen, der Zusammenprall.

Genügsamkeit bedeutet nicht, pessimistisch und passiv zu bleiben. Das ist nicht die Art von Genügsamkeit, die hier gemeint ist. Genügsamkeit ist auf den Gebieten richtig, auf denen Sie niemals volle Befriedigung finden können, selbst wenn Sie das maximal Mögliche erreichten. Denn wenn Sie bei bestimmten Dingen sehen, daß sie Ihnen ohnehin keinen weiteren Nutzen und kein größeres Glück bringen können, dann ist der beste Weg, zu größter Zufriedenheit zu gelangen, doch sicher der, daß Sie diesen Dingen von vornherein genügsam gegenüberstehen.

Es ist jedoch kein Schaden, die unbegrenzte Entwicklung des Geistes, eine Geisteshaltung von unbegrenztem Altruismus, ohne Einschränkung weiterzutreiben. Diesen Dingen gegenüber, die zu letzlichem, dauerhaftem Glück führen, ist Genügsamkeit nicht angebracht. Auf diesem Gebiet sollten Sie sich niemals mit dem, was Sie bereits erreicht haben, zufriedengeben. Nur bei den Dingen, die kein wirkliches Glück geben können, muß man genügsam sein. Das ist ein sehr wichtiger Punkt.

Im Leben christlicher Mönche wird großer Wert auf Selbstdisziplin, Genügsamkeit und Einfachheit des Lebens gelegt. Das sind wahre Unterweisungen – sie sind wunderbar. Als ich auf dieser Reise das berühmte katholische Kloster Montserrat in der Nähe von Barcelona besuchte, traf ich einen Mönch, der in einer kleinen Einsiedelei hoch in den Bergen lebte. Ich fragte ihn nach seiner Strom- und Wasserversorgung. Er lachte und sagte: „Nein, ich habe keinen Strom, nur eine Kerze, und ich habe auch keine Wasserversorgung, nur den Regen." Dieser Mönch lebte nun schon mehr als fünf Jahre dort, nur einmal im Jahr kam er zu einem Fest herunter ins Kloster. Er war ganz und gar Vegetarier und aß nur eine Mahlzeit am Tag, die dann noch meist eine kalte Mahlzeit war. Als wir so zusammensaßen und uns ansahen, entstand in mir ein außerordentliches Gefühl. Ich spürte, daß dieser Mönch ein ganz besonderer Mensch war. Daher sagte ich zu ihm im Scherz: „Sie sind der moderne Milarepa!" Dann fragte ich ihn nach dem Inhalt seiner Meditation. Er antwortete: „Liebe, grenzenlose Liebe und Mitgefühl." Das ist großartig; ich empfinde eine tiefe Bewunderung und Verehrung für diesen Mönch. (Yoga des Geistes, 31–33)

DAS ERLANGEN VON „KÜHLUNG"

Wir unterscheiden viele Arten von Ethik, aber die wichtigste Praxis der Bodhisattvaethik besteht darin, das Eigeninteresse zu beschränken und sich der Ichhaftigkeit zu enthalten. Im Sanskrit steht für Ethik das Wort *śila,* aus dessen Etymologie man die Bedeutung „das Erlangen von Kühlung" ableiten kann. Wenn jemand Ethik übt, hat sein Geist einen Frieden oder eine Kühle, so daß er frei von der Hitze des Bedauerns über sein Verhalten ist.

In bezug auf die Geduld unterscheidet man die Geduld, ohne Sorge zu sein angesichts des Schadens, den einem ein Gegner zufügen kann, die Geduld, die willentliche Annahme von Leiden ist, und die Geduld, das Wohl anderer Lebewesen herbeizuführen. Die Geduld, die darin besteht, Leiden willentlich auf sich zu nehmen, ist außerordentlich wichtig. Sie verzagt angesichts des Leidens nicht und dient als Basis für die vermehrte Anstrengung, den Wurzeln des Leidens entgegenzutreten.

Anstrengung ist für den Anfänger von entscheidender Bedeutung, damit ein starker Wille entwickelt werden kann. Wir alle haben die Buddha-Natur, das heißt: In uns liegen schon die Substanzen bereit, durch die wir unter geeigneten Bedingungen zum vollkommen erleuchteten Wesen werden können, das über alle guten Eigenschaften verfügt und ohne Fehler ist. Die eigentliche Wurzel unseres Versagens im Leben ist, zu denken: „Oh, wie nutzlos und schwach bin ich doch!" Es ist vielmehr wichtig, eine starke Geisteskraft zu haben, die sagt: „Ich kann es tun!", ohne daß dies mit Stolz oder einer der anderen der leidverursachenden Emotionen vermischt wäre.

(Logik der Liebe, 68–69)

DAS GEMEINSAME ZIEL DER RELIGIONEN

Alle Religionen haben prinzipiell das gleiche edle Ziel; denn sie alle lehren ethische Grundsätze, welche die Handlungsweise von Geist, Körper und Rede formen. Sie lehren uns, nicht zu lügen, nicht falsch Zeugnis zu geben, nicht zu stehlen, anderen nicht das Leben zu nehmen und vieles mehr. Die Vielzahl der Religionen, welche alle der Menschheit Glück bringen können, ist vergleichbar mit den verschiedenen Behandlungsmethoden einer speziellen Krankheit. Denn im weitesten Sinne haben alle Religionen das Ziel, den Lebewesen darin zu helfen, Leiden abzuwenden und Glück herbeizuführen. Obwohl sich logische Gründe für die Bevorzugung einer individuellen Interpretation der religiösen Wahrheit finden lassen, gibt es doch viel mehr vom Herzen kommende Gründe, die für Einigkeit sprechen. In der gegenwärtigen Weltlage ist die Notwendigkeit, ein großes Maß an Einigkeit unter den Anhängern der verschiedenen Religionen zu entwickeln, besonders wichtig geworden. Zudem ist eine solche Einigkeit kein unmögliches Ziel.

Das altruistische Streben nach Erleuchtung, der Erleuchtungsgeist, ist das zentrale Thema des Mahāyāna-Buddhismus in Tibet. Wir Tibeter glauben, daß das

Verständnis des Erleuchtungsgeistes viel zu einer grundlegenden Einigkeit und zu einem Geist der Zusammenarbeit unter den Anhängern der verschiedenen Glaubensrichtungen beitragen wird. Wir glauben, daß das Streben an sich große Resultate hervorbringen wird.

Der Buddha erlangte das Ziel des Erleuchtungsstrebens, nachdem er unzählige Opfer auf sich genommen hatte und sich mit großer Kraft und Anstrengung einzig dem Wirken zum Wohl der anderen und der Entwicklung von Weisheit widmete. Über drei Perioden unzähliger Zeitalter hinweg übte er sich in den Handlungen eines Bodhisattva, wobei er vielen Schwierigkeiten ausgesetzt war und ohne Zaudern große Opfer brachte. Auf diese Weise vervollständigte er schrittweise die zwei Ansammlungen von Verdienst und Weisheit. Schließlich erlangte er in Bodhgayā die höchste Erleuchtung, die Buddhaschaft.

Indem er das Leiden überwand, das dem Anhaften an die Extreme des Weltlichen und des Überweltlichen entspringt, erreichte er den vollkommenen Gleichmut, der aus dem höchsten, unaussprechlichen Frieden, dem Nirvāṇa, resultiert. In diesem Zustand hat er sich von jeglichen Fehlern befreit; sein Verstand überwand alle Illusionen und die feinsten Formen der Unwissenheit. Danach fuhr er fort, die verschiedenen Aspekte der Heiligen Lehre darzulegen. In Übereinstimmung mit dem System der Vier Wahrheiten der Heiligen und der Gesetzmäßigkeit des Abhängigen Entstehens setzte er die „Drei Räder der Lehre" in Bewegung. Und all dies tat er, um die Zwei Wahrheiten, die konventionelle und die letztliche Wahrheit, zu enthüllen.

Der Gedanke, der diesem unermeßlichen Erleuchtungsgeist zugrunde liegt, kann folgendermaßen formuliert werden: „Ich muß den höchsten Zustand der allwissenden Buddhaschaft erlangen, um alle fühlenden Wesen aus diesem Ozean des Leidens, dem Daseinskreislauf, zu befreien und um sie in den Zustand der höchsten Glückseligkeit, das Nirvāṇa, zu versetzen."

Dieser Gedanke bringt den intensiven Wunsch hervor, die ganze Energie den tiefgründigen und ausgedehnten Übungen der einzelnen Stufen des Mahāyāna-Pfades zu widmen. Diese Haltung ist die Wurzel der Übung, die darauf abzielt, die Schulungen eines Bodhisattva zu vollenden. Diese Schulungen umfassen die sechs Vollkommenheiten: nämlich Freigebigkeit, ethisches Verhalten, Geduld, Tatkraft, meditative Sammlung und Weisheit. Die Ansammlung von Verdienst bildet den Methodeaspekt des Pfades; man erlangt sie, indem man die ersten drei Vollkommenheiten – Freigebigkeit, ethisches Verhalten und Geduld – übt. Den zwei letzten Vollkommenheiten – meditative Sammlung und Weisheit – entspringt die Ansammlung der höchsten Weisheit: dies ist der Weisheitsaspekt des Pfades. Die vierte Vollkommenheit, die Tatkraft, fördert beide Formen der Ansammlung.

Der Schlüssel zur Ausübung des Mahāyāna-Buddhismus in Tibet liegt auf jeder Stufe des Pfades in der Verbindung zweier Elemente, nämlich von Verdienst und Weisheit, von Methode und Weisheit, von Tantra und Sūtra, von Konventionellem und Letztlichem. Dabei muß man sorgsam auf die ethischen Verhaltensweisen achten, die allen Anweisungen des Buddha innewohnen.

Aus der Sicht des Erleuchtungsgeistes ist es das Ziel, ein unvoreingenommenes Mitgefühl gegenüber allen Lebewesen zu bewahren, ohne daß man zwischen Rassen, Nationalitäten, Klassen oder den oberflächlichen Einstufungen in Freund und Feind unterscheidet. Vielleicht werden die großen Nationen unserer Welt mit der Zeit von diesem Denken inspiriert und hören auf, im vergeblichen Streben nach Macht alles zu manipulieren, sei es profan oder religiös. Vielleicht werden sie statt dessen versuchen, eine friedvolle Welt zu schaffen, indem sie ihr Denken in Einklang mit den Gesetzmäßigkeiten bringen, die im Dharma – diesem unerschöpflichen Allheilmittel – erklärt werden. (Yoga des Geistes, 93–96)

ÄUSSERE UND INNERE ENTWICKLUNG IN EINKLANG BRINGEN

Mehr als jede andere Tugend betont der Buddhismus Uneigennützigkeit, die in Liebe und heilender Hinwendung Ausdruck findet. Heilende Hinwendung ist wichtig, ob man nun gläubig ist oder nicht, denn jeder fühlt und erlebt die Bedeutung der Liebe. Als kleine Kinder sind wir alle auf die Güte unserer Eltern angewiesen, ohne die es schwierig wäre zu überleben. Auch im hohen Alter werden wir wieder von der Güte und Hilfe anderer abhängig. Zwischen diesen beiden Polen – Kindheit und Alter – sind wir relativ unabhängig. Dies gibt uns das Gefühl, daß wir, da wir nicht auf die Hilfe anderer angewiesen sind, auch nicht für das Wohl anderer Sorge tragen müssen. Das ist falsch.

Menschen, die heilende Hinwendung praktizieren, sind innerlich viel glücklicher, viel ruhiger und friedvoller, und dieses Gefühl wird von den anderen erwidert. Ärger macht wahren Frieden, Freundschaft und Vertrauen unmöglich, nur durch Liebe können wir Verständnis, Eintracht, Freundschaft und Harmonie entwikkeln. Darum sind Güte und heilende Hinwendung das Wichtigste, besonders wertvoll und kostbar.

Wir Menschen haben ein hochentwickeltes Gehirn, das uns in die Lage versetzt, materiellen Fortschritt zu erreichen. Doch nur, wenn wir die äußere Entwicklung mit der inneren Entwicklung in Einklang bringen, können wir das Materielle in richtiger Weise nutzen, können wir den Fortschritt genießen, ohne die menschlichen Werte zu verraten.

Weil heilende Hinwendung und Uneigennützigkeit so wichtig sind, werde ich auf dem Hintergrund der buddhistischen Lehren erklären, wie sie praktiziert werden können.

Die gute innere Einstellung, von der hier die Rede ist, drückt sich darin aus, daß ich mich in einer Situation, wo ich vor die Wahl zwischen meinem eigenen Wohl und dem der anderen gestellt bin, für das Wohlergehen der anderen entscheide. Dieses liebevolle Sorgen um die Interessen anderer, während man eigene Interessen zurückstellt, kann nicht sofort gelernt werden, es muß geübt werden. Im Buddhismus gibt es zwei wesentliche Techniken, um solch eine altruistische Haltung zu erlernen. Die eine wird die Angleichung und der Austausch zwischen mir selbst und den anderen genannt, die andere heißt Siebenfache Grundlegende Instruktionen über Ursache und Wirkung. Nur für letztere ist die Theorie der Reinkarnation notwendig. Da ich die erste andernorts (...) erläutert habe, möchte ich heute über die Grundlegenden Instruktionen über Ursache und Wirkung sprechen.

Um das Glück und das Wohlergehen anderer wirklich zu wollen, brauche ich eine besondere altruistische Haltung, durch die ich befähigt werde, die Bürde auf mich zu nehmen, anderen zu helfen. Solch eine ungewöhnliche

Haltung erreiche ich nur durch heilende Hinwendung, indem ich mich um das Leiden anderer kümmere und etwas zu seiner Überwindung tue. Um aber diese außerordentliche Kraft der heilenden Hinwendung zu erreichen, brauche ich zuallererst ein liebendes Herz, das unter dem Eindruck der leidenden Lebewesen wünscht, daß alle glücklich sind, das in jedem das Gute sieht und jedem Glück wünscht, so wie es eine Mutter für ihr einziges geliebtes Kind tut.

Um mich nun aber in dieser Weise mit den anderen verbunden fühlen zu können, muß ich zuerst üben, ihre Freundlichkeit zu erkennen. Dazu orientiere ich mich an einer Person, die in diesem Leben sehr gut zu mir gewesen ist, und übertrage die empfundene Dankbarkeit auf alle Wesen. Da es normalerweise die Mutter ist, die uns in diesem Leben am nächsten gestanden und die meiste Hilfe geschenkt hat, beginnt die Meditation damit, daß ich alle anderen Lebewesen als meine eigene Mutter erkenne. (Logik der Liebe, 61–62)

WAS WIEDERGEBURT BEDEUTET

Da sich aber um das Thema Wiedergeburt zahlreiche Mißverständnisse ranken, wollen wir bei dieser Gelegenheit kurz die Ansichten verschiedener Leute betrachten, die von Wiedergeburt nichts wissen, oder aber, wenn sie etwas davon wissen, die Gründe dafür nicht wirklich verstehen. Wer über Wiedergeburt nichts Näheres weiß, glaubt vielleicht, daß unser gegenwärtiges Bewußtsein ausschließlich auf dem Körper beruht und daß es schon allein deshalb keine „vergangenen" und „zukünftigen" Leben geben kann, weil niemand sie unmittelbar erlebt hat und sie folglich auch nicht verläßlich bezeugen kann. Das heißt, man glaubt, daß nur dann etwas wirklich existiert, wenn man es auch unmittelbar sehen kann.

Nach der Sichtweise anderer wiederum entsteht Geist in Abhängigkeit vom Körper und der Körper in Abhängigkeit von den vier Elementen [Erde, Wasser, Feuer, Luft]. Auch diese Sichtweise geht davon aus, daß es keine früheren Leben gibt. Sie lehrt, daß der Körper beim Tod in die vier Elemente zerfällt, während der Geist zu Raum wird, einem verblassenden Regenbogen gleich. Daraus wird dann geschlossen, daß es zukünftige Leben nicht geben kann. (Das Auge, 39–40)

UNSER BEWUSSTSEIN

Ungeachtet der Vielzahl solcher und ähnlicher Behauptungen, gibt es tatsächlich frühere und zukünftige Leben, und zwar aus folgendem Grund: Wir sind erwachsen und haben ein bestimmtes Alter. Trotzdem können wir uns an bewußt erlebte Momente des letzten Jahres, des vorletzten Jahres, ja zurück bis zu Momenten aus unserer Kindheit erinnern. Unsere eigene Erfahrung bestätigt also, daß es einmal ein Bewußtsein gegeben hat, das dem gegenwärtigen Erwachsenenbewußtsein als ein Kontinuum vorausgegangen ist. Dasselbe gilt nun für die Anfangsgründe des Bewußtseins unseres jetzigen Lebens: dieses Bewußtsein ist nicht ohne Ursache zu dem geworden, was es jetzt ist; es ist nicht aus einer ewigen Wesenheit hervorgegangen; und es stammt auch nicht von unbelebter, nicht-bewußter Materie ab. Würde es davon abstammen, müßte Materie seine ungleichartige substantielle Ursache sein. Da eine solche Abstammung aber unmöglich ist, muß das Bewußtsein von einer substantiellen Ursache der gleichen Art abstammen. (Das Auge, 41)

DEN KREISLAUF DURCHBRECHEN

Da wir also unzweifelhaft zukünftige Leben haben werden, müssen wir ebenso unzweifelhaft etwas dafür tun. Der beste Schritt in diese Richtung wäre: Wir schulen unseren Geist durch geeignete Methoden und bemühen uns auf dieser Grundlage darum, alle Verfehlungen und Makel abzustreifen. Statt dessen tun wir nach Kräften nur Dinge, die ausschließlich gute Eigenschaften erzeugen. Zu diesem Zweck erschließen wir uns entweder einen Weg, der uns über mehrere Leben zum Heil führt, oder aber wir dringen zu einem Pfad vor, der das Kontinuum des Kreislaufs der Existenzen in diesem jetzigen Leben vermittels so profunder wie scharfsinniger Techniken ein für allemal durchtrennt, so daß wir nicht mehr sterben und auch nicht mehr im Kreislauf der Existenzen *('khor ba, saṃsāra)* wiedergeboren werden müssen.

(Das Auge, 44)

ÜBERWINDUNG DES FREUND-FEIND-DENKENS

Da die Kette der Wiedergeburten also notwendigerweise unendlich ist, hat jedes Wesen irgendwann einmal in derselben Beziehung zu uns gestanden wie unsere jetzige leibliche Mutter. Um sich in der Wiedererinnerung daran üben zu können, muß das Bewußtsein zuerst völlig zur Ruhe gelangen. Man beginnt damit, daß man sich darüber klar wird, daß wir die anderen in drei Kategorien einordnen – Freunde, Feinde und neutrale Wesen. Ihnen gegenüber haben wir drei verschiedene Einstellungen: Begierde, Haß und Gleichgültigkeit. Werden diese drei Einstellungen genährt, ist es unmöglich, eine uneigennützige Handlung zu praktizieren. Darum müssen Begierde, Haß und Gleichgültigkeit neutralisiert werden.

Dazu verhilft das Nachdenken über Wiedergeburt. Da unsere Geburten anfangslos sind, sind sie auch unendlich. So ist es keineswegs sicher, daß unsere jetzigen Freunde in früheren Existenzen immer unsere Freunde waren und daß unsere jetzigen Feinde immer Feinde waren. Selbst in diesem einen Leben sind einstige Gegner später zu Freunden geworden und umgekehrt. Deshalb ist es unsinnig, eine bestimmte Person entweder als Freund oder Feind zu betrachten.

Wenn man in dieser Richtung weiterdenkt und meditiert, werden die falsche Auffassung, daß Personen entweder Freunde oder Feinde sind, sowie das daraus resultierende Entstehen von Begierde und Haß schwächer.

Stellen Sie sich Ihnen gegenüber drei Leute vor: einen Freund, einen Feind und eine neutrale Person. Während Sie beobachten, überlegen Sie, daß es keine Gewißheit gibt, daß jeder von den dreien nur helfen oder nur schaden wird. Es ist wichtig, diese Meditation nicht allgemein, sondern in bezug auf ganz konkrete Personen zu üben, weil sie sonst zu unbestimmt bliebe, um eine Änderung unserer Einstellung zu konkreten Menschen herbeizuführen. Allmählich wird sich ein Gefühl von Gleichmut diesen dreien gegenüber entwickeln, das man mehr und mehr auf andere Wesen ausweiten kann. Nachdem Sie sich diesem Wandel unterzogen haben, erwägen Sie im nächsten Schritt, daß jeder einzelne Mensch im Verlaufe vieler Leben Ihr bester Freund, Vater oder Mutter usw. gewesen ist, da ja die Geburten anfangslos und somit unendlich sind. Durch diese Erkenntnis können Sie eine Haltung entwickeln, in der alle lebenden Wesen als Freunde erscheinen.

Betrachten Sie dann, wieviel Freundlichkeit Sie erfahren haben, als diese Wesen Ihre Eltern waren. Als Mutter und Vater, die gewöhnlich unsere besten Freunde sind, haben sie Sie einst mit ihrer Güte beschützt, gerade so wie es die Eltern in diesem Leben taten. Da es unwesentlich ist, ob die Ihnen entgegengebrachte Freundlichkeit lange zurückliegt oder nicht, haben Ihnen alle Wesen entweder in diesem oder in früheren Leben große Freundlichkeit erwiesen.

Und selbst wenn sie nicht Ihre Eltern gewesen wären, so waren sie doch freundlich zu Ihnen, denn die meisten unserer guten Eigenschaften entwickeln sich in der Begegnung mit anderen Menschen. Wie ich später erläutern werde, kann man die Sechs Vollkommenheiten nur in Verbindung mit anderen lebenden Wesen üben. Ähnlich ist es bei den Prinzipien des allgemeinen ethischen Verhaltens, die darin bestehen, daß man sich der Zehn Laster enthält – das sind: Töten, Stehlen, geschlechtliches Fehlverhalten, Lüge, die Gemeinschaft spaltende Rede, barscher Umgangston, sinnloses Geschwätz, Habsucht, schädliche Absichten und falsche Anschauungen. All dies hat im wesentlichen auch mit der Beziehung zu anderen Menschen zu tun. Darüber hinaus sind auch alle Annehmlichkeiten dieses Lebens, die wir genießen – wie schöne Häuser, Straßen usw. –, von anderen gebaut.

Wer sich auf den Weg der Erleuchtung begibt, bedarf ebenfalls der anderen. Will man nämlich zur Erleuchtung gelangen, muß man sich in der überaus wichtigen Praxis von Geduld üben. Um aber Geduld zu erlernen, braucht man einen Gegner. So sind auch Gegner äußerst hilfreich.

In einem tieferen Zusammenhang betrachtet, haben Ihnen selbst bittere Feinde große Freundlichkeit erwiesen, obwohl sie Ihnen zu bestimmten Zeiten ausschließlich geschadet haben. Der Grund ist, daß man nur durch einen Gegner echte Toleranz und Geduld lernen kann, während der religiöse Meister oder die geliebten Eltern die Tiefe Ihrer Toleranz kaum auf die Probe stellen können. Erst angesichts dessen, was Ihnen Gegner antun, können Sie wahrhaft innerlich stark werden. So können sogar Feinde innere Stärke, Mut und Entschlossenheit lehren. Und sie können helfen, realistischer zu werden, indem man Ansprüche ablegt.

Wenn wir Uneigennützigkeit üben, dürfen wir die Gegner nicht vernachlässigen, sondern müssen uns ihnen ganz besonders zuwenden. Statt über die Gegner ärgerlich zu sein, sollte man daran denken, ihre Freundlichkeit zu vergelten, denn man sollte jede Freundlichkeit erwidern, die einem erwiesen wird. Täte man das nicht, wäre es unter der menschlichen Würde.

Nachdem man sich der Freundlichkeit anderer bewußt geworden ist, entsteht das Bedürfnis, diese Freundlichkeit zu erwidern. Wie soll man sie aber erwidern? Der nächste Schritt ist, Liebe entstehen zu lassen, die von dem Wunsch begleitet ist, daß alle lebenden Wesen Glück erlangen mögen, daß vor allem diejenigen, die des Glückes beraubt sind, Glück und all seine Ursachen haben mögen. Je mehr man die lebenden Wesen mit Liebe betrachtet, Angenehmes in ihnen entdeckt und sich ihrer liebevoll annimmt, desto vollständiger vollzieht man den nächsten Schritt der heilenden Hinwendung, die sich in dem Wunsch ausdrückt, daß alle frei vom Leiden und seinen Ursachen sein mögen.

Das Erzeugen von Liebe und heilender Hinwendung verlangt einen Wandel der eigenen inneren Haltung. Aber die Wesen, die Objekte dieser Gefühle sind, bleiben dennoch im Leiden. Hat man also Liebe und heilende Hinwendung in sich selbst entwickelt, so muß man im nächsten Schritt diese altruistische Einstellung über den Horizont des eigenen Denkens und Fühlens hinausgehen lassen. Der Gedanke „Wie gut wäre es doch, wenn alle Wesen vom Leiden und seinen Ursachen frei wären und zum Glück und seinen Ursachen gelangten!" ist die Basis für den noch stärkeren geistigen Impuls: „Ich werde mich dafür einsetzen, daß sie vom Leiden und seinen Ursachen befreit und mit Glück und seinen Ursachen beschenkt werden." Hier entwickelt man die klare Entschlossenheit, solche guten Einstellungen nicht nur im Geist zu erzeugen, sondern Taten folgen zu lassen, durch die jene Wesen wirklich vom Leiden befreit werden.

Diese edle Absicht wird Ihnen den Mut geben, die schwere Last der Verantwortung für das Wohlergehen aller lebenden Wesen auf sich zu nehmen. Wenn Sie diese Geisteskraft haben, werden Entschlußkraft und Mut mit den Schwierigkeiten wachsen, denn Schwierigkeiten fördern Ihre Entschlossenheit. (Logik der Liebe, 63–66)

VI

DER SCHLÜSSEL ZUM WELTFRIEDEN

BEDROHUNGEN ÜBERWINDEN

Wenn wir am Morgen aufstehen und Radio hören oder die Zeitung aufschlagen, werden wir mit schlechten Nachrichten überschüttet: überall Gewalt, Verbrechen, Kriege und Katastrophen. Nicht ein Tag geht vorbei, an dem nicht von irgendwoher etwas Schreckliches berichtet würde, und es wird einem klar, daß auch in der heutigen Zeit das eigene Leben ständig bedroht ist. Niemals zuvor sahen sich Menschen einer solchen Fülle schlechter Nachrichten gegenüber wie wir heute, und in diesem Klima ständiger Angst und Spannung muß jeder Mensch sich besorgt die Frage stellen, wohin es mit der Welt wohl gehen mag.

Seltsamerweise kommen die schwerwiegenden Probleme gerade aus den hochindustrialisierten Ländern. Wissenschaft und Technik haben in vielen Ländern Wunder gewirkt, aber die tiefen menschlichen Probleme sind geblieben. Obwohl Bildung und Wissen in ungeheurem Maße verbreitet sind, scheinen sie doch die menschliche Natur nicht verbessert, sondern eher Unruhe und Unzufriedenheit gefördert zu haben. Daß unser materieller und technischer Fortschritt beträchtlich ist, steht außer Zweifel. Aber er allein ist irgendwie nicht ausreichend, da wir immer noch nicht imstande sind, Frieden und Glück herbeizuführen und das Leiden zu überwinden. Wir müssen daraus schließen, daß unserem Fortschritt und unserer Entwicklung etwas Falsches innewohnt, das katastrophale Folgen für die Menschheit haben kann, wenn wir es nicht rechtzeitig unter Kontrolle bringen. Ich bin durchaus kein Gegner von Wissenschaft und Technik – ihr Beitrag zur Erweiterung der menschlichen Erfahrung insgesamt ist gewaltig. Ihnen vor allem ist es zu verdanken, daß es uns materiell besser geht und daß das Verständnis der Welt, in der wir leben, umfassender geworden ist. Wenn wir jedoch Wissenschaft und Technik zu einseitig vertrauen, besteht die Gefahr, daß uns jenes Wissen verlorengeht, das ebenfalls Teil der menschlichen Erkenntnis ist und uns zu einem ehrlichen und mitmenschlichen Leben befähigt. Zwar können Wissenschaft und Technik in unvorstellbarem Maße materielle Güter zur Verfügung stellen, sie können aber nicht die von jeher bestehenden geistigen und menschlichen Werte ersetzen, die unsere Welt-Kultur, wie wir sie heute kennen, geformt haben. Niemand kann den materiellen Nutzen von Wissenschaft und Technik bezweifeln, dennoch – unsere menschlichen Probleme haben sie nicht gelöst. Immer noch sehen wir uns dem gleichen Leiden – wenn nicht größerem – gegenüber, immer noch der gleichen Angst und Spannung. Es muß folglich ein Versuch gemacht werden, ein Gleichgewicht herzustellen zwischen materieller Entwicklung auf der einen Seite und geistigen und menschlichen Werten auf der anderen. Um einen solchen Ausgleich zustandezubringen, müssen unsere menschlichen Werte wieder zum Leben erweckt werden.

Ich weiß, daß viele Menschen meine Besorgnis über die gegenwärtige weltweite moralische Krise teilen und daß sie sich diesem Aufruf anschließen werden, einem Aufruf an alle, die sich dafür einsetzen, daß es in der Welt gerechter und mitfühlender zugehe. Ich spreche nicht als Buddhist oder als Tibeter. Ich spreche auch nicht als Experte für internationale Politik, auch wenn ich zu diesen Dingen etwas sagen muß. Ich spreche ganz einfach als ein Mensch, der in der Tradition jener Werte steht, auf denen der Mahāyāna-Buddhismus und alle großen Welt-Religionen gründen. Aus solcher Sicht teile ich wohl mit Ihnen die Überzeugung,

– daß nur eine universale menschliche Einstellung die weltweiten Probleme lösen kann;
– daß die Grundlage eines Weltfriedens das Mitgefühl ist;
– daß bereits alle Welt-Religionen für diesen Frieden eintreten – genau wie jeder menschlich Denkende, welcher Weltanschauung er auch angehören mag;
– daß der einzelne Mensch universale Verantwortung dafür zu tragen hat, daß Institutionen geschaffen werden, die den wirklichen Bedürfnissen des Menschen entsprechen. (Ein menschlicher Weg, 3–5)

WIE ECHTER FRIEDEN MÖGLICH IST

Wir sagen oft einfach, daß wir Frieden wollen und keinen Krieg. Das reicht nicht aus. Zuerst müssen wir in uns selbst Frieden schaffen. Weltfrieden kann durch Liebe und Güte erreicht werden; wenn wir aber in uns selbst voller Haß und Wut sind, können wir niemals einen dauernden, echten Frieden in der Welt schaffen.

Ich glaube, die Übung von Liebe, Mitgefühl und Güte dient nicht ausschließlich den Menschen, die eine Religion ausüben. Sie geht vielmehr das Wohlergehen der ganzen Menschheit an. Deshalb glaube ich, daß die Zeit gekommen ist, Güte und Altruismus in dieser Welt anzuwenden.

Nun denken sicher viele von ihnen: „Oh, nun redet der Dalai Lama idealistisch, nicht realistisch." Darauf gebe ich zur Antwort: „Ja, ein bißchen idealistisch; doch ich glaube, daß die gesamte Entwicklungsgeschichte des

Menschen auf Hoffnungen und Ideen gründet." Mit Hoffnung, Entschlossenheit und dem Mut, es zu versuchen, kann etwas Unmögliches möglich werden. Wenn man aber schon von vornherein pessimistisch denkt: „Nein, es ist unmöglich, etwas zu verändern, man kann nichts erreichen", dann kann selbst das sehr gut Mögliche zu etwas Unmöglichem werden. Ein anderer Grund ist: Mag sein, daß man das Ziel nicht erreicht; trotzdem ist nichts daran verkehrt, es mit großer Entschlossenheit zu versuchen. Denn zumindest werden wir selbst keine Reue fühlen, wenn wir alles versucht haben, was zu tun war.

Als ich klein war, lebte ich weit weg; die Leute nennen meine Heimat oft das „Dach der Welt". Trotzdem gerieten die Nachrichten vom Zweiten Weltkrieg, von der Zerstörung und schließlich der Niederlage an mein Ohr. Schon in jungen Jahren ging mein Mitempfinden stets zum Verlierer, selbst wenn zwei Hunde gegeneinander kämpften. Ich wußte nicht viel über den Weltkrieg, über die Ursachen und Hintergründe. Ich wußte nur, daß Deutschland verloren hatte. So empfand ich als Kind ein gewisses Gefühl der Traurigkeit und des Mitleids mit dem Verlierer. So weiß ich wegen dieses Gefühls doch etwas von Deutschland. Seitdem habe ich, wenn ich ältere Deutsche treffe, eine ständige Frage: „Wo waren Sie während des Krieges?" Wenn ich daraufhin die Berichte höre, fühle ich mich zutiefst betroffen. Ich frage mich: „Was ist nun das eigentliche Resultat des Krieges?" Es ist eine Tragödie. Das stimmt mich sehr traurig. (Yoga des Geistes, 81–82)

ERZIEHUNG ZUR INNEREN REIFUNG

Liebe und Güte oder Barmherzigkeit bilden die eigentliche Grundlage menschlichen Zusammenlebens. Verlieren wir diese Werte, dann wird die menschliche Gesellschaft in furchtbare Gefahren geraten, ja, das Überleben der Menschheit und aller Lebewesen steht heute auf dem Spiel. Wie aber können die Religionen dazu beitragen, Liebe und Barmherzigkeit in den Menschen zu entwickeln, wo doch offensichtlich in vielen Gesellschaften gegenläufige Tendenzen in der Moralität und politischen Praxis nur allzu deutlich in Erscheinung treten. Die entscheidende Einsicht scheint mir darin zu liegen: Neben der materiellen und technischen Entwicklung, die durchaus wichtig und notwendig ist, bedürfen wir gleichzeitig einer bewußt vollzogenen spirituellen Entwicklung, damit innerer Friede und soziale Harmonie erfahrbar werden. Ohne inneren Frieden, ohne innere Ruhe ist es schwer, dauerhaften äußeren Frieden zu verwirklichen. Nur wenn wir die äußere Entwicklung mit der inneren Entwicklung in Einklang bringen, können wir das Materielle in richtiger Weise nutzen, können wir auch den Fortschritt für die menschliche Gesellschaft fruchtbar machen, ohne die menschlichen Werte zu verraten. Und hier, also bei der Erziehung zur inneren Reifung des Menschen, können die Religionen einen wichtigen und unverzichtbaren Beitrag leisten.

(Verantwortung der Religionen, 84)

WAS FRIEDEN BEDEUTEN KANN

Wir sind heute wirklich eine Welt-Familie. Was in einem Teil der Welt geschieht, kann uns alle betreffen. Dies gilt natürlich nicht nur für die negativen Ereignisse, sondern auch für die positiven Entwicklungen. Dank der hochmodernen Kommunikationstechnologie erfahren wir nicht nur, was in anderen Teilen der Welt geschieht, sondern wir sind auch direkt betroffen von den Geschehnissen in weit entfernten Regionen. Wir sind traurig, wenn Kinder in Ostafrika hungern. Gleichermaßen freuen wir uns, wenn eine Familie nach Jahrzehnten der Trennung durch die Berliner Mauer wieder zusammenkommt. Unsere Ernten und unser Vieh werden verseucht und unsere Gesundheit und unser Lebensunterhalt sind bedroht, wenn sich Meilen entfernt in einem anderen Land ein Atomunfall ereignet. Unsere eigene Sicherheit wird größer, wenn kriegführende Parteien in einem anderen Kontinent Frieden schließen.

Krieg oder Frieden, die Zerstörung oder der Schutz der Natur, die Verletzung oder die Stärkung der Menschenrechte und demokratischen Freiheiten, Armut oder materieller Wohlstand, der Mangel an moralischen und spirituellen Werten oder deren Vorhandensein sind keine Einzelfaktoren, die analysiert und unabhängig voneinander betrachtet werden können. Tatsächlich sind sie auf allen Ebenen in hohem Maße miteinander verknüpft und müssen unter diesem Blickwinkel betrachtet werden.

Frieden in dem Sinne, daß kein Krieg herrscht, ist von geringem Wert für jemanden, der an Hunger oder Kälte stirbt. Er lindert nicht die Folterqualen eines Gefangenen aus Gewissensgründen. Er tröstet nicht jene, die ihre Familienangehörigen in Wasserfluten verloren haben, die durch die unsinnige Abholzung in einem Nachbarland verursacht wurden. Frieden kann nur von Dauer sein, wenn die Menschenrechte geachtet werden, wenn die Menschen zu essen haben und wenn Einzelpersonen und Nationen frei sind. Wahrer Frieden mit sich selbst und mit der Welt um uns herum kann nur durch geistigen Frieden erreicht werden. Die anderen bereits erwähnten Faktoren sind ähnlich miteinander verknüpft. So erleben wir beispielsweise, daß eine saubere Umwelt, daß Wohlstand und Demokratie angesichts eines Krieges, insbesondere eines Atomkrieges, wenig Bedeutung haben, und materielle Dinge allein die Menschen nicht glücklich machen.

Materieller Fortschritt ist natürlich wichtig für den Fortschritt der Menschheit. In Tibet haben wir der technologischen und wirtschaftlichen Entwicklung zu wenig Beachtung geschenkt, und heute wird uns bewußt, daß dies ein Fehler war. Gleichzeitig aber kann auch materielle Entwicklung ohne spirituelle Entwicklung ernsthafte Probleme mit sich bringen. In einigen Ländern wird Äußerlichkeiten zuviel Aufmerksamkeit geschenkt und der geistigen Entwicklung nur wenig Bedeutung beigemessen. Ich halte beide für wichtig; beide müssen sich nebeneinander entwickeln, damit ein gutes Gleichgewicht zwischen den beiden Aspekten erreicht wird. Die Tibeter werden von ausländischen Besuchern stets als glückliche, heitere Menschen geschildert. Dies ist Teil unseres nationalen Charakters, der auf der Grundlage kultureller und religiöser Werte geformt wird; diese Werte heben die Bedeutung des inneren Friedens hervor, der sich durch Liebe und Freundlichkeit gegenüber allen anderen lebenden, fühlenden Wesen, sowohl Mensch als auch Tier, einstellt. Innerer Frieden ist der Schlüssel: Wenn man inneren Frieden empfindet, berühren die äußeren Probleme diesen Sinn für Frieden und Ruhe nicht. Dieser geistige Zustand ermöglicht uns, mit Vernunft und Ruhe an schwierige Situationen heranzugehen, während das innere Glück erhalten bleibt. Das ist sehr wichtig. Ohne diesen inneren Frieden empfindet der Mensch möglicherweise immer noch Angst, Unruhe und Trübsinn, auch wenn er ein in materieller Hinsicht sorgenfreies Leben führt.

Es ist somit eindeutig von großer Wichtigkeit, die Beziehung zwischen diesen und anderen Faktoren zu verstehen, und Probleme ausgewogen und unter Berücksichtigung ihrer verschiedenen Aspekte zu lösen. Dies ist natürlich nicht leicht. Es nützt jedoch nur wenig, ein Problem so zu lösen, daß gleichzeitig ein neues, ähnlich schwerwiegendes Problem entsteht. Wir haben also wirklich keine Alternative: Wir müssen ein allumfassendes Verantwortungsgefühl nicht nur im geographischen Sinne, sondern auch für die Probleme entwickeln, denen unser Planet gegenübersteht. (Tibet klagt an, 223–224)

EIN GUTES HERZ ENTWICKELN

Ich bin ein religiöser Mensch, und nach meiner Anschauung entstehen alle Dinge zuerst im Bewußtsein. Dinge und Ereignisse hängen sehr stark von der Motivation ab. Ein echter Sinn dafür, die gemeinsame Menschlichkeit zu würdigen, sowie heilende Hinwendung und Liebe sind der Schlüssel dazu. Wenn wir ein gutes Herz entwickeln, wird sich alles verbessern, sei es auf dem Gebiet der Wissenschaft, der Landwirtschaft oder der Politik. Das ist so, weil die Motivation so wesentlich ist. Ein gutes Herz ist auch im täglichen Leben von Bedeutung. Haben in einer kleinen Familie, selbst ohne Kinder, alle ein offenes Herz Füreinander, wird eine friedvolle Atmosphäre geschaffen. Wird nur einer von ihnen ärgerlich, entsteht augenblicklich eine spannungsgeladene Atmosphäre im Hause. Trotz guten Essens und eines hübschen Fernsehgerätes werden Frieden und Ruhe verlorengehen. Das bedeutet, daß dies alles mehr vom Bewußtsein als von materiellen Dingen abhängt. Materielle Dinge sind wichtig, wir bedürfen ihrer, aber wir müssen sie verantwortungsbewußt gebrauchen. Dieses Jahrhundert muß Intelligenz mit einem guten Herzen verbinden.

Jedermann spricht gern über Ruhe und Frieden, sei es in der Familie, im Staat oder im internationalen Kontext. Wie aber können wir ohne *inneren* Frieden wirklichen Frieden schaffen? Durch Haß und Gewalt ist Weltfriede nicht zu erreichen. Selbst im individuellen Bereich kann Glück nicht im Ärger verwirklicht werden. Wenn man in einer schwierigen Lage innerlich durcheinander und total verstört ist, können äußere Dinge überhaupt nicht helfen. Wenn man jedoch trotz äußerer Schwierigkeiten oder Probleme eine innere Haltung der Liebe, Wärme und Gutherzigkeit hat, kann man Problemen begegnen und sie leicht annehmen. (Logik der Liebe, 93)

DIE ATOMARE SELBSTZERSTÖRUNG VERHINDERN

Einige der vielen Schwierigkeiten, mit denen wir es heute zu tun haben, sind unabänderlich und müssen in Gleichmut ertragen werden. Andere jedoch haben ihre Ursache in uns selbst, in unseren falschen Auffassungen – und hier können wir etwas tun. Ein Beispiel dafür sind die ideologischen Konflikte, politische oder religiöse, in denen sich Menschen wegen Geringfügigkeiten bekämpfen und dabei die Wahrheit aus den Augen verlieren, daß wir alle Angehörige der einen großen Menschen-Familie sind. Wir dürfen nicht vergessen, daß alle Religionen, Ideologien und politischen Systeme überall in der Welt den Menschen Glück und Zufriedenheit bringen wollen. Niemals dürfen wir vergessen, daß dies ihr Hauptziel ist, niemals auch dürfen wir die Zwecke höher stellen als die Mittel; immer muß Menschlichkeit dem Materiellen und Ideologischen gegenüber der höhere Wert sein. Die größte Bedrohung, der sich heute die Menschheit – und mit ihr alles Leben auf unserem Planeten – gegenübersieht, ist die Gefahr der atomaren Zerstörung. Darüber brauche ich nicht ausführlich zu sprechen. Ich möchte jedoch einen Appell richten an all jene Staatsoberhäupter, die mit der atomaren Macht buchstäblich die Zukunft der Menschheit in Händen halten, an alle Wissenschaftler und Techniker, die weiterhin an diesen furchtbaren Vernichtungs-Waffen arbeiten, und des weiteren an alle Menschen, die aufgrund ihrer gesellschaftlichen Stellung Einfluß nehmen können auf die Politiker: ich appelliere an sie, daß sie ihre gesunde Vernunft zum Einsatz bringen und mit dem Abbau und der Zerstörung aller atomaren Waffen beginnen mögen. Denn wir wissen, daß es im Falle eines atomaren Krieges keinen Sieger geben wird, da es keine Überlebenden gibt. Eine so unmenschliche und herzlose Zerstörung – erfüllt es einen nicht mit Schrecken, nur daran zu denken? Und ergibt es sich da nicht von selbst, daß wir die Mittel unserer Selbstzerstörung beseitigen müssen, wo wir diese Mittel doch kennen und noch Zeit und Möglichkeit haben, es zu tun? Oftmals können wir mit unseren Problemen nicht fertig werden, weil wir ihre Ursachen nicht kennen, oder aber, wenn wir diese kennen, nicht die Mittel haben, sie zu beseitigen. Das ist jedoch nicht der Fall in der Frage der atomaren Bedrohung.

DIE BRENNENDE FRAGE NACH DEM SEELISCHEN LEIDEN

Alle Lebewesen, ob sie nun einer höher entwickelten Gattung, wie der Mensch, oder einer niedrigeren angehören, wie die Tiere – alle wollen sie möglichst in Frieden und Sicherheit leben. Das Leben ist dem stummen Tier so kostbar wie nur irgendeinem Menschen; noch das kleinste Insekt sucht sich zu schützen vor lebensbedrohender Gefahr. So wie jeder von uns leben möchte und nicht sterben, so ergeht es allen Lebewesen im Universum, auch wenn sie alle für ihre Selbst-Behauptung sehr unterschiedlich ausgestattet sind.

Es gibt – vereinfacht gesagt – zwei Arten von Glück und Leiden, seelisches und körperliches, und ich halte die Frage nach dem *seelischen* Leiden für brennender. Deshalb auch lege ich so großen Wert auf die Schulung des Bewußtseins, damit es fähig werde, Leiden zu ertragen und einen dauerhaften Zustand von Glück zu erreichen. Meine Vorstellung von menschlichem Glück ist jedoch konkreter und zugleich umfassender. Es gehören dazu innerer Friede, wirtschaftliche Entwicklung und vor allem: Frieden in der Welt. Um ein solches Ziel zu verwirklichen, muß jeder Mensch in sich selbst das Gefühl *universeller Verantwortlichkeit* entwickeln, unabhängig davon, welchen Glaubens, welcher Hautfarbe, welchen Geschlechts und welcher Nationalität er ist.

(Ein menschlicher Weg, 5–6)

EIN KLÜGERER EGOISMUS

Kein Land kann seine Probleme ganz allein lösen, in großem Maße spielen die Interessen und Haltungen anderer Nationen mit herein. Die einzig vernünftige Basis für einen Weltfrieden scheint daher eine gesamtmenschheitliche Behandlung der Weltprobleme zu sein. Ich will damit sagen, daß am Anfang jene Einsicht stehen muß, daß jeder nach Zufriedenheit strebt und dem Leiden aus dem Weg geht. Von daher ist es moralisch falsch und in praktischer Hinsicht unklug, nur das eigene Glück ins Auge zu fassen und die Gefühle und Wünsche all jener zu mißachten, die mit uns leben als Angehörige der einen menschlichen Familie. Sehr viel klüger wäre es, auch an die anderen zu denken im Streben nach dem eigenen Glück. Das würde einen ‚klügeren' Egoismus nach sich ziehen, der sich zu einem Kompromiß der Egoismen wandeln könnte – und dann vielleicht sogar zu einem gegenseitigen Interesse. Obwohl die zunehmende Verflechtung der Staaten diesen die Möglichkeit einer besseren Zusammenarbeit bietet, bleibt eine solche echte Zusammenarbeit doch schwierig, solange den Menschen das Glück und die Gefühle ihrer Mitmenschen gleichgültig sind. Wenn Menschen nur von Habgier und Neid getrieben werden, können sie nicht harmonisch miteinander leben. Nicht alle politischen Probleme, die aus dem egoistischen Verhalten entstanden sind, lassen sich geistig-moralisch lösen, aber nur eine solche Lösung wird auf lange Sicht die Wurzel beseitigen, der all unsere heutigen Probleme entstammen.

Wenn jedoch die Menschheit weiterhin nur ihren unmittelbaren Nutzen verfolgt, dann werden die kommenden Generationen vor überwältigenden Schwierigkeiten stehen. Die Weltbevölkerung wächst stetig, und immer schneller werden unsere natürlichen Ressourcen ausgeschöpft. Als ein Beispiel nehme man die Bäume. Keiner kann genau voraussagen, welche schädlichen Folgen eine umfangreiche Abholzung haben wird: auf das Klima, auf die Bodenbeschaffenheit, auf die gesamte Umwelt überhaupt. Alle diese Probleme bedrängen uns, weil die Menschen nur kurzsichtig ihre egoistischen Interessen verfolgen und keine Rücksicht nehmen auf die Ganzheit der menschlichen Familie. Sie denken nicht an die Erde, denken nicht daran, welche Folgen für das ganze Leben auf lange Sicht entstehen. Wenn unsere Generation sich darüber keine Gedanken macht, jetzt, heute, dann werden zukünftige Generationen mit den Problemen wohl nicht mehr fertig werden. (Ein menschlicher Weg, 7–8)

DIE WIRKLICHE LIEBE ENTWICKELN

Nach der buddhistischen Psychologie sind die meisten unserer Schwierigkeiten Folge unseres heftigen Verlangens nach Dingen, an die wir uns leidenschaftlich anklammern, in der irrtümlichen Auffassung, es handle sich bei diesen um etwas Bleibendes. Um diese heiß begehrten Dinge zu erlangen, verhält man sich aggressiv, man kämpft und konkurriert, da man eine solche Einstellung für erfolgversprechend hält. Und daraus kann leicht ein allgemeiner Kriegszustand hervorgehen. Es finden sich solche Einstellungen im Menschen seit undenklicher Zeit, deren äußere Konsequenzen aber sind unter den gegenwärtigen Bedingungen einschneidender. Was können wir tun im Umgang mit diesen ‚Giften' – wie können wir Selbst-Täuschung, Habgier und Aggressivität unter Kontrolle bringen? Denn diese Gifte vor allem sind es, in denen die meisten Schwierigkeiten ihre Ursache haben. Als jemand, der aufgewachsen ist in der Mahayana-Tradition des Buddhismus, bin ich der Überzeugung, daß allein Liebe und Mitgefühl Grundlage eines Weltfriedens sein können. Was ist unter Mitgefühl zu verstehen? Hat man Mitleid oder Mitgefühl für einen armen Menschen, dann ist dieses Gefühl von der Armut des Menschen veranlaßt, es hat altruistische Gründe. Liebe, die man für den eigenen Mann, die eigene Frau, für die eigenen Kinder oder für einen guten Freund empfindet, ist meist bedingt durch eine gefühlsmäßige Bindung. Ändert sich diese, dann ändert sich auch die freundliche Einstellung, sie kann gänzlich abhandenkommen. Und das ist keine wirkliche Liebe. Wirkliche Liebe gründet sich auf Altruismus, nicht auf Bindung. Und eine solche mitmenschliche Liebe ist die menschliche Antwort auf das Leiden in der Welt. (Ein menschlicher Weg, 8–9)

ZUERST MÜSSEN WIR HELFEN

Dieses Jahrhundert ist sehr vielschichtig. Durch verschiedene, vor allem materielle Umstände wird die Welt immer kleiner, und dies schafft Möglichkeiten, daß die Völker der Welt einander begegnen und miteinander sprechen. Solche Kontakte bieten wertvolle Gelegenheiten, unser gegenseitiges Verständnis in bezug auf Lebensstil, Philosophie und Glaubenssysteme zu erweitern, was natürlicherweise zu gegenseitiger Achtung führen wird. Weil die Welt kleiner geworden ist, konnte ich heute hierherkommen.

Wenn wir einander begegnen, vergegenwärtige ich mir immer, daß wir gleich sind, insofern wir alle Menschen sind. Betonen wir die äußeren Unterschiede, so bin ich ein Mensch aus dem Osten, und noch spezifischer ein Tibeter, der aus einer Gegend hinter dem Himalaya stammt, ein Mensch aus einer anderen Umgebung und Kultur. Blicken wir jedoch tiefer, so habe ich ein tatsächlich nicht zu bestreitendes Ich-Gefühl. Und mit dieser Empfindung wünsche ich Glück und nicht Leid. Jeder Mensch, ganz gleich, woher er kommt, hat dieses auf der gewöhnlichen Bewußtseinsebene wirkliche Ich-Gefühl, und in diesem Sinne sind wir alle gleich.

Auf Grund dieser Einstellung habe ich keine Vorurteile, es fällt kein Vorhang, wenn ich neuen Menschen an neuen Orten begegne. Ich kann zu Ihnen so sprechen, als würde ich mit alten Freunden reden, selbst wenn wir einander zum ersten Mal begegnen. Für mich sind Sie als Menschen meine Brüder und Schwestern, denn im Wesen gibt es zwischen uns keinen Unterschied. So kann ich ohne Zögern ausdrücken, was auch immer ich empfinde, wie zu einem alten Freund. Unter dieser Voraussetzung können wir ohne jede Schwierigkeit miteinander umgehen, und zwar von Herz zu Herz, nicht bloß mit ein paar netten Worten, sondern tatsächlich auf der Herzensebene.

Auf der Basis derart echter menschlicher Beziehung – wirklichen Empfindens füreinander, gegenseitigen Verstehens – können wir gegenseitiges Vertrauen und Achtung entwickeln. Dadurch können wir das Leid anderer teilen und Harmonie in der menschlichen Gesellschaft aufbauen. Wir können eine freundliche menschliche Familie schaffen.

Diese Haltung ist sehr nützlich. Wenn wir zuviel Gewicht auf die äußeren Unterschiede – Kultur, Ideologie, Glaube, Rasse, Hautfarbe, Wohlstand und Erziehung – legen, wenn wir kleine, starre Diskriminierungen zulassen, tragen wir nur noch mehr zum Leid der menschlichen Gesellschaft bei. Aus diesen sehr kleinen, aber dann übertriebenen Differenzen entsteht die konfliktgeladene Atmosphäre.

Auch in der Weltpolitik verursachen solche kleinen Diskriminierungen unkontrollierbare Probleme. Zum Beispiel entsteht der Streit in Asien, im Mittleren Osten, Afrika oder Lateinamerika oft aus religiösen Empfindlichkeiten, oft auch aus dem Rassengegensatz oder der Ideologie. Das gilt auch für mein eigenes Land, Tibet, und zwar auf Grund gewisser Haltungen unseres großen Nachbarn, der Volksrepublik China, die während der Kulturrevolution in Erscheinung traten. Auf diese Weise schaffen menschliche Denkformen Probleme zusätzlich zu den naturgegebenen, denen wir uns ohnehin alle stellen müssen.

Während zum Beispiel Tausende und Abertausende von vietnamesischen und kambodschanischen Flüchtlingen starben, diskutierten einige Leute über die Politik, die diese Flüchtlinge betrifft, anstatt das unmittelbare Problem in angemessener Weise anzupacken. Das ist besonders schmerzlich. Daß hilfsbedürftige Menschen aus solchen Gründen ignoriert werden, zeigt, daß uns etwas fehlt – obwohl wir so intelligent und mächtig sind, stark genug, Völker auszubeuten oder die Welt zu zerstören: Es fehlt uns an wahrer Güte und Liebe. Wir müssen von

Grund auf erkennen, daß wir im Grunde alle menschliche Wesen sind, die nicht sterben möchten, und daß ebenso auch diese Leute Menschen sind, die nicht sterben möchten. Sie haben das recht, menschenwürdig zu leben, und bedürfen der Hilfe.

Zuerst müssen wir helfen; später können wir dann über die Ursachen sprechen, die Politik, die zu ihrer Tragödie geführt hat, und vieles mehr. Es gibt ein indisches Sprichwort: „Wenn du von einem Giftpfeil getroffen bist, mußt du ihn sofort herausziehen." Es ist keine Zeit zu fragen, wer ihn geschossen hat, was für Gift es ist usw. Kümmere dich zunächst um das unmittelbare Problem, und später kannst du die Dinge untersuchen. Wenn wir menschlichem Leid begegnen, ist es wichtiger, mit heilender Hinwendung zu antworten, als über die Politik derer, denen wir helfen, zu diskutieren. Statt zu fragen, ob ihr Land ein Freund oder ein Feind ist, sollten wir erwägen: „Sie sind Menschen, sie leiden, und sie haben das gleiche Recht auf Glück wie wir."

Es mangelt uns nicht an wissenschaftlicher und technischer Entwicklung, und doch fehlt uns etwas hier im Herzen: wirkliches inneres, warmes Empfinden. Wir brauchen ein gutes Herz.

Mit der grundlegenden Einsicht, daß alle Menschen Brüder und Schwestern sind, können wir dann auch den Nutzen verschiedener Systeme und Ideologien schätzen, die verschiedenen Individuen und Gruppen mit unterschiedlichen Voraussetzungen und Erwartungen entgegenkommen. Für bestimmte Leute ist unter bestimmten Bedingungen eine bestimmte Ideologie oder ein kulturelles Erbe nützlicher als andere. Jeder Mensch hat das Recht zu wählen, was für ihn am besten geeignet ist. Dies ist Aufgabe des Individuums, und zwar auf der Grundlage eines tiefen Verstehens, daß alle anderen Personen Brüder und Schwestern sind.

Tief im Herzen müssen wir wirkliche Zuneigung füreinander haben, echte Erfahrung oder Erkenntnis unseres gemeinsamen Menschseins. Gleichzeitig müssen wir allen Ideologien und Systemen als einer Möglichkeit zur Lösung der Menschheitsprobleme offen begegnen. *Ein* Land, *eine* Nation, *eine* Ideologie, *ein* System – das genügt nicht. Die Mannigfaltigkeit unterschiedlicher Lösungswege ist hilfreich, wenn sie in dem tiefen Gefühl gründet, daß im Grunde die Menschen gleich sind. Dann können wir gemeinsame Anstrengungen unternehmen, um die Probleme der Menschheit als Ganzes zu lösen. Die Probleme, vor denen die menschliche Gesellschaft in bezug auf die wirtschaftliche Entwicklung, die Energiekrise, die Spannungen zwischen den armen und reichen Ländern steht, d.h. viele geopolitische Probleme, sind lösbar, wenn wir gegenseitig des anderen fundamentale Menschlichkeit verstehen, die Rechte des anderen respektieren, an den Problemen und Leiden der anderen Anteil nehmen und uns dann gemeinsam um Lösungen bemühen.

Selbst wenn wir bestimmte Probleme nicht lösen können, sollten wir es nicht bedauern. Wir Menschen müssen dem Tod, dem Alter und Krankheiten ebenso ins Auge schauen wie Naturkatastrophen – etwa Wirbelstürmen –, die sich unserer Kontrolle entziehen. Wir müssen ihnen begegnen, wir können sie nicht vermeiden. Aber diese Leiden genügen uns – warum sollten wir auf Grund unserer Ideologien, nur weil wir anderen Denksystemen folgen, noch mehr Probleme schaffen? Es ist unnütz und traurig! Abertausende leiden darunter. Solch eine Situation ist wirklich töricht, da wir sie vermeiden können, wenn wir unsere Haltung ändern und die Grundwerte des Menschen ernst nehmen, denen die Ideologien eigentlich dienen sollen. (Logik der Liebe, 89–92)

UNSERE PROBLEME LÖSEN

In der gegenwärtigen Weltlage denken einige vielleicht, daß Religion nur etwas für jene Menschen sei, die sich an weltabgeschiedene Plätze zurückgezogen haben, daß Religion auf den Gebieten von Wirtschaft und Politik also nichts zu sagen habe. Meine Antwort darauf ist: „Nein!" Denn wie ich eben erläutert habe, ist für mich die Liebe die Schlüsselmotivation der Religion. Außer einigen weniger bedeutenden Handlungen sind alle Handlungen – bedeutendere und willentliche – durch Motivationen geprägt. In der Politik gilt ein solcher Politiker als rechtschaffen und ehrlich, der eine gute Motivation hat, auf Grund deren er die menschliche Gesellschaft verbessern möchte. Politik an sich ist nicht schlecht. Wir sagen oft „schmutzige Politik", aber das ist falsch. Politik ist ein notwendiges Instrument dafür, menschliche Probleme, die Probleme der menschlichen Gesellschaft, zu lösen. Sie ist als solche nicht schlecht, sondern notwendig. Wird Politik aber von schlechten Menschen gehandhabt, die mit Betrug und ohne die richtige Motivation arbeiten, wird die Politik natürlich schlecht.

Das trifft aber nicht nur auf die Politik, sondern auf alle Lebensbereiche – einschließlich der Religion – zu. Wenn ich Religion mit einer schlechten Motivation predige, wird diese Predigt schlecht. Aber das heißt doch nicht, daß Religion schlecht wäre. Man kann nicht einfach sagen, „schmutzige Religion".

So also ist die Motivation ganz wichtig, und darum ist meine einfache Religion: Liebe, Achtung anderer, Ehrlichkeit – Lehren also, die nicht nur das Gebiet der Religion betreffen, sondern ebenso die Politik, die Wirtschaft, das Geschäftsleben, die Wissenschaft, die Gerichtsbarkeit, die Medizin – alle Bereiche. Mit rechter Motivation können alle diese Aktivitäten segensreich für die Menschheit sein, ohne gute Motivation bewirken sie das Gegenteil. Besonders Wissenschaft und Technologie können, statt Nutzen zu bringen, zunehmend Angst erzeugen, und es droht globale Zerstörung, wenn sie nicht mit guter Motivation gehandhabt werden. Ein Denken, das in heilender Hinwendung gründet, ist für die Menschheit lebenswichtig. (Logik der Liebe, 39–40)

INNERE RUHE UND WACHHEIT

Um eine freundliche Haltung zu entwickeln, das Gefühl einer Verbundenheit mit allen Menschen, braucht man kein religiöser Mensch zu sein im engen Sinn des Wortes. Jeder kann sich darum bemühen, der sich zuallererst als Mitglied der Menschen-Familie betrachtet. Es ist ein Gefühl von großer Kraft, das wir da entfalten und zu Wirkung bringen sollen; allzuoft jedoch vernachlässigen wir es, besonders wenn wir jung sind und uns in einer trügerischen Sicherheit wiegen. Wenn wir also die Dinge in einem erweiterten Blickwinkel aufnehmen und davon ausgehen, daß ein jeder Zufriedenheit sucht und Leiden vermeiden möchte, wenn wir uns bewußt bleiben, daß wir selbst im Verhältnis zu den unzähligen anderen relativ unwichtig sind, dann müssen wir zu dem Schluß kommen, daß es sich lohnt, unsere Besitztümer mit anderen zu teilen. Wenn man wirklich an sich selbst arbeitet, um sich eine solche Betrachtung der Dinge zu eigen zu machen, dann kann echtes Mitgefühl entstehen, ein echtes Gefühl der Liebe und Achtung anderen Menschen gegenüber. Das persönliche Glücksstreben ist dann nicht mehr purer Egoismus; Glück wird sich wie von selbst einstellen, und es wird ein größeres sein, wenn es eingebettet ist in die Liebe zu anderen und den Dienst an ihnen.

Ein weiteres Ergebnis geistiger Selbst-Entwicklung, eins, das gerade heute von höchstem Nutzen wäre, sind innere Ruhe und Wachheit. Unser Leben ist in ständiger Bewegung, dauernd tauchen Schwierigkeiten auf. Diese können nur dann erfolgreich bewältigt werden, wenn man sie in Ruhe und Klarheit betrachtet. Wenn wir aber stattdessen die Herrschaft über uns selbst verlieren, getrieben von Haßgefühlen, Egoismus, Neid oder Wut, dann verlieren wir auch unsere Urteilsfähigkeit. Unser Bewußtsein ist dann getrübt, und in derart chaotischen Momenten kann alles mögliche passieren, es kann sogar ein Krieg ausbrechen. Für jeden ist daher die Entwicklung von Weisheit und Mitgefühl höchst wichtig, besonders aber für jene Staatsoberhäupter, in deren Hände Macht und Möglichkeit gelegt sind, die für einen Weltfrieden erforderlichen Voraussetzungen zu schaffen.

(Ein menschlicher Weg, 10–11)

DEN ORGANISIERTEN HASS ÜBERWINDEN

Wut und Haß sind sichtbar am Werk in den gegenwärtigen Krisenherden, im Mittleren Osten, in Südostasien, beim Nord-Süd-Konflikt und anderswo. Diese Konflikte rühren her aus der Unfähigkeit, im anderen Menschen die eigene Menschlichkeit wiederzuerkennen. Aufbau und eventueller Einsatz immer noch größerer Waffenarsenale und ein Wettrüsten können da nicht Abhilfe schaffen. Es ist kein rein politisches oder technisches Problem. In seiner tiefsten Wurzel ist es ein geistiges – in dem Sinne, daß einfühlsames Verstehen für die Lage, in der wir uns alle befinden, dringend notwendig ist. Haß und Krieg bringen niemandem Glück, auch nicht den Gewinnern von Schlachten. Gewalt bringt stets Unglück und Elend hervor – niemals ist sie fruchtbar. Es ist daher an der Zeit für die großen Politiker, die Schranken wegzuräumen, die zwischen den Rassen, Kulturen und Weltanschauungen bestehen, und einander mit Augen anzusehen, die wissen, daß wir Menschen alle in der gleichen Lage sind. Eine solche Haltung hätte einen günstigen Einfluß auf den einzelnen Menschen, auf Gruppen und Verbände, auf ganze Staaten und auf die Welt insgesamt.

Die gefährlichste Spannung heutzutage kommt anscheinend aus dem Konflikt der beiden großen Blöcke, der seit dem Zweiten Weltkrieg besteht. Jede der beiden Mächte sieht und beurteilt die andere in äußerst ungünstigem Licht. Ursache dieser andauernden unsinnigen Gegnerschaft ist ein Mangel an Wohlwollen und Hochachtung – die fehlende Einsicht, daß die auf der anderen Seite genauso Menschen sind wie man selbst. Man sollte im Osten seinen Haß auf den Westen mäßigen – es sind überall dieselben Menschen, Männer, Frauen und Kinder. Für den Westen gilt das in gleicher Weise. Bei dem Abbau des gegenseitigen Sich-Hassens kommt den Führern der beiden Blöcke große Bedeutung zu. Zunächst jedoch müssen sie sich der eigenen Menschlichkeit und der der anderen bewußt werden. Ohne eine solche tiefe Einsicht wird sich der organisierte Haß kaum vermindern lassen. (Ein menschlicher Weg, 14–15)

EIN GLÜCK ZU FINDEN, DAS VON DAUER IST

Das gesamte Erbe aller Völker der Erde müssen wir uns nutzbar machen bei unserem Bemühen, die geistigen und kulturellen Werte der Menschheit mit neuem Leben zu erfüllen und zu einem bleibenden Zustand voller Glück und Zufriedenheit zu gelangen. So will das hier Gesagte Mahnung sein, sich jener Werte zu erinnern, die uns alle zu einer einzigen großen Familie auf dieser Erde verbinden.

Ich habe diese Worte geschrieben,
Weil eine Empfindung mich ständig begleitet.
Immer, wenn ich einem Menschen begegne,
Und sei er auch ein ‚Fremder',
Ist es die gleiche Empfindung:
‚Wieder begegne ich hier einem Angehörigen
Unserer menschlichen Familie.'
Meine Liebe zu allen Lebewesen,
Meine Hochachtung vor ihnen,
Sind stetig gewachsen.
Und ich fühle den Wunsch in mir,

Etwas zu tun für den Frieden in der Welt.
Ich bete, daß die Menschen dieser Erde
Freundlicher miteinander umgehen mögen,
Voll gegenseitiger Liebe und Anteilnahme.
Und ich richte diese Worte an alle,
Die das Leiden in der Welt verringern wollen
Und deren tiefster Wunsch es ist,
Ein Glück zu finden,
Das von Dauer ist. (Ein menschlicher Weg, 23)

VII

ENTSCHLOSSEN ZUM FRIEDEN

VERSTÄNDIGUNG ÜBER DIE GRENZEN HINAUS

Da heute alle Nationen sich, wie nie zuvor, in wechselseitiger Abhängigkeit befinden, muß eine menschliche Verständigung die Staatsgrenzen überwinden und sich auf die Gemeinschaft aller Völker erstrecken. Denn nur dann, wenn wir eine Atmosphäre echter Zusammenarbeit erreichen, die nicht unter Androhung oder tatsächlicher Anwendung von Gewalt zustandekommt, sondern in tiefem Einverständnis, nur dann werden wir verhindern können, daß die Probleme in der Welt immer größer werden. Wenn man den Menschen in den ärmeren Ländern die Erfüllung ihrer gerechtfertigten Wünsche vorenthält, dann werden sie unzufrieden sein, und sie werden den reichen Ländern Schwierigkeiten machen. Wenn viele Völker weiterhin in sozialen, politischen und kulturellen Systemen leben müssen, die ihnen gegen ihren Willen aufgezwungen wurden, dann wird auch dies ein schweres Hindernis darstellen auf dem Weg zu einem Weltfrieden. Werden jedoch die tiefsten Wünsche der Menschen erfüllt, dann wird der Frieden wie von selbst kommen.

In jedem einzelnen Staat sollte jeder Mensch das Recht haben, glücklich zu sein, und was die Staaten insgesamt angeht, so sollte auch hier den kleinsten unter ihnen dieses Recht zugestanden werden. Ich bin nicht der Auffassung, daß von all den politischen Systemen eines das beste sei und von allen übrigen übernommen werden müsse. Im Gegenteil – die Vielfalt der politischen Systeme und Weltanschauungen ist erfreulich und wünschenswert, sie entspricht der Vielfalt menschlicher Eigenschaften und Neigungen innerhalb der großen

Welt-Gemeinschaft. Diese Vielfalt kommt der unaufhörlichen Suche nach dem Glück zugute. Und daher sollte jedes Volk seine eigene politische, gesellschaftliche und wirtschaftliche Verfassung frei wählen dürfen, so wie es das Selbstbestimmungs-Recht der Völker fordert.

Wie Gerechtigkeit, Eintracht und Frieden zu erlangen sind, hängt von vielerlei Bedingungen ab, über die wir nachdenken sollten unter dem Gesichtspunkt des langfristigen Nutzens der Menschheit, nicht unter dem des nur unmittelbaren Vorteils. Es ist eine Riesenaufgabe, die da vor uns liegt – darüber mache ich mir keine Illusionen. Dennoch sehe ich keine Alternative zu diesen Vorschlägen, die sich herleiten aus der uns allen gemeinsamen Menschlichkeit. Die verschiedenen Völker und Staaten sind einfach gezwungen, auch an das Wohlergehen der anderen zu denken – nicht aus irgendwelchen humanitären Rücksichten heraus, sondern weil es dem beiderseitigen langfristigen Interesse entspricht. Sichtbar ist diese neue Realität bereits in den regionalen und kontinentalen wirtschaftlichen Zusammenschlüssen wie der Europäischen Wirtschaftsgemeinschaft, der Organisation Süd-Ost-Asiatischer Staaten und anderen. Meine Hoffnung ist es, daß noch weitere dieser übergreifenden Organisationen entstehen werden, vor allem in jenen Gebieten, deren wirtschaftliche Entwicklung und politische Stabilität wenig gesichert sind.

Zu ihrer Verwirklichung ist es notwendig, daß wir alle eine freundliche Gesinnung entwickeln – ohne diese werden wir weder das Glück der Allgemeinheit noch einen dauerhaften Weltfrieden erlangen. Auf dem Papier läßt sich ein Frieden nicht herstellen. Doch selbst wenn man für eine universelle Verantwortlichkeit und Brüderlichkeit eintritt, darf man dennoch nicht vergessen, daß die Menschen in den einzelnen Staaten zu verschiedenen Einheiten zusammengeschlossen sind. Und diese Einzelstaaten sind es wohl, die man realistischerweise als die konkreten Bausteine des Weltfriedens betrachten muß.

Es hat bis heute viele Versuche gegeben, gerechtere Ordnungen der gesellschaftlichen Verhältnisse zu schaffen. Einrichtungen sind entstanden, deren Grundlage gutklingende Verfassungstexte sind, mit denen die schädlichen Kräfte in einer Gesellschaft niedergehalten werden sollen. Bedauerlicherweise aber hat Eigennutz immer wieder die hohen Ideale korrumpiert, und so sehen wir heute klar und deutlich, wie hohe moralische Grundsätze ständig von Eigennützigkeit überschattet werden, besonders in der politischen Sphäre. Und so gibt es auch eine Art des Denkens, die strikt abrät davon, sich je mit Politik auch nur einzulassen, da Politik nur ein anderer Name sei für Unmoral. Eine Politik ohne Moral kann dem menschlichen Glück nicht dienlich sein, und ein Leben ohne Moral macht den Menschen zum wilden Tier. Dennoch ist Politik nicht schlechthin ‚schmutzig', auch wenn es gegenwärtig so scheint, als habe die politische Praxis alle Ideale und Werte verraten, die den Menschen auf ihrem Weg zum Glück helfen können. Und daher sind natürlich viele Menschen mit einer religiösen Einstellung voller Sorge, wenn hohe religiöse Würdenträger sich mit Politik ‚beschmutzen', da Politik die Religion unvermeidlich verunreinige.

Ich bin nicht dieser Auffassung, daß Religion und Moral mit der Politik unvereinbar seien und daß gläubige Menschen sich wie Eremiten abzukapseln hätten. Eine solche Auffassung von Religiösität ist zu eng. Sie berücksichtigt nicht hinreichend die Beziehung, in der Gesellschaft und Individuum stehen und welcher Platz der

Religion in unserem Leben zukommt. Ethik und Moral sind für einen Politiker so wichtig wie für einen gläubigen Menschen. Ein politisches Handeln ohne moralische Grundsätze hat gefährliche Folgen. Ob wir an Gott glauben oder an Karma – auf Ethik und Moral ruht jede Religion. Werte, wie moralisches Verhalten, Mitgefühl, Bescheidenheit und andere, sind in allen Kulturen grundlegend. Diese Werte müssen gepflegt und gefördert werden durch eine eingehende moralische Erziehung unter den hierzu erforderlichen gesellschaftlichen Verhältnissen, damit eine menschlichere Welt entstehen kann. Die Werte, die das Fundament einer solchen Welt bilden, müssen bereits den Kindern eingeprägt werden. Wir können nicht bis zur nächsten Generation warten und müssen mit der Veränderung jetzt beginnen, jetzt muß der Versuch gemacht werden, die menschlichen Werte wieder mit Leben zu erfüllen. Wenn es Hoffnung gibt, dann liegt diese in den kommenden Generationen, jedoch nur dann, wenn – und zwar im Welt-Maßstab – die Erziehung einen gründlichen Wandel erfährt. Es muß eine Revolution stattfinden, die eine Verwirklichung der allgemeingültigen humanen Werte herbeiführt.

Es genügt nicht, lautstark den Verfall der moralischen Werte zu beklagen. Man muß etwas tun. Da die Regierungen heute sich um eine derartige – angeblich religiöse – Verantwortung nicht kümmern, müssen jene, die an der Spitze humanitärer und religiöser Organisationen stehen, die vorhandenen bürgerlichen, gesellschaftlichen, pädagogischen und religiösen Gruppierungen stärker machen, damit die menschlichen und geistigen Werte wieder zum Leben erwachen. Und gegebenenfalls müssen neue Organisationen geschaffen werden. So allein können wir hoffen, daß der Weltfrieden eine solide Grundlage erhält. (Ein menschlicher Weg, 16–19)

DAS RECHT AUF UNSERE EIGENE KULTUR

Da wir alle in dieser Welt leben müssen, glaube ich, daß wir versuchen müssen, weltweit eine gute innere Einstellung, echte Sympathie für unsere Mitbrüder und -schwestern zu entwickeln. Aus meiner Perspektive kann ich sagen, daß wir Tibeter unseren Kampf für unsere Rechte fortsetzen. Manche behaupten, daß die tibetische Situation allein ein politisches Problem sei, aber ich denke anders. Wir Tibeter haben ebenso wie die Chinesen ein einzigartiges und eigenes kulturelles Erbe. Wir hassen die Chinesen nicht; wir achten zutiefst den Reichtum der chinesischen Kultur, die so viele Jahrhunderte umspannt. Trotz dieses tiefen Respekts und unserer Haltung, die nicht antichinesisch ist, haben wir sechs Millionen Tibeter ein gleiches Recht, unsere eigene, sehr verschiedene Kultur zu bewahren, solange wir anderen dabei nicht schaden. (Logik der Liebe, 94)

MEINE VISION FÜR TIBET

Ich habe die Hoffnung, daß es dem tibetischen Volk irgendwann möglich sein wird, sein eigenes Schicksal in Freiheit und Frieden selbst zu bestimmen, daß Tibet frei von Militär und militärischen Einrichtungen sein wird, wie zum Beispiel Costa Rica, ein kleiner Staat, der ohne Militär auskommt und in dem es auch keine militärische

Präsenz irgendeines anderen Staates gibt. Tibet wäre somit nicht der erste Versuch.

Die Voraussetzungen für Tibet sind gut. Das Land ist ökologisch gesehen noch weitgehend intakt. Die Luft ist noch rein. Die Tibeter sind von Natur aus ein friedliebendes Volk. Auch Tibets Lage zwischen zwei großen Nationen spricht dafür, es in eine Stätte des Friedens – frei von jeglichen militärischen Einrichtungen – zu verwandeln. Menschen, die in Ländern mit großer Umweltverschmutzung leben, die täglichem Streß und ständiger Hektik im Alltag ausgesetzt sind, könnten sich in Tibet, in einer beinah unverschmutzten und zum Teil noch unberührten Landschaft, intensiv entspannen und wirklich erholen. Und die Tibeter könnten davon profitieren und etwas Geld verdienen, ohne sich anstrengen zu müssen.

In den letzten Jahren habe ich mich bemüht, die Tibeter mit einer demokratischen Regierungsform vertraut zu machen. In der Exilregierung in Dharamsala wenden wir seit fast dreißig Jahren demokratische Grundregeln an. Die verschiedenen Ämter innerhalb der Regierung werden demokratisch gewählt. Für die Tibeter ist Demokratie jedoch etwas völlig Neues. Ein Volk, welches mit demokratischen Grundregeln nicht vertraut ist, wird sich, besonders am Anfang, damit schwer tun.

Ich habe die Absicht, die Demokratie in Tibet fest zu etablieren. Die tibetische Regierung, die für das Schicksal des tibetischen Volkes verantwortlich ist, muß demokratisch gewählt werden. Das ist, solange ich lebe, mein erklärtes Ziel. Ich bin jetzt über 55 Jahre alt und hoffe, dieses Ziel in den nächsten 20 Jahren verwirklichen zu können. Das ist keine sehr lange Zeit.

In der Vergangenheit haben wir Tibeter, aufgrund einer uns nicht vertrauten und für uns neuen Ideologie, die auf Haß und Klassenkampf begründet ist, unglaubliches Leid, unzählige Qualen und Hunger erfahren müssen. Ich glaube jedoch, daß die Tibeter auf der Grundlage wirklicher Zuneigung beweisen können, daß eine Gesellschaft nur auf diesem Wege außerordentlich wertvolle Ziele erreichen kann. Damit würde einer meiner Träume in Erfüllung gehen.

Und wenn Tibet sich zu einem Land entwickeln würde, in dem Freiheit, demokratische Rechte, Zuneigung und Liebe das Leben der Gesellschaft bestimmen, dann möchte ich, ein buddhistischer Mönch, der seit seinem 16. Lebensjahr eine überdurchschnittlich verantwortungsvolle Aufgabe wahrnehmen mußte, die Möglichkeit haben, Ferien zu machen. Und als bescheidener buddhistischer Mönch möchte ich dann dorthin gehen können, wohin ich will, ohne ständig diese große Verantwortung mitnehmen zu müssen.

(Tibet und Buddhismus, 11–15)

JEDER KANN ETWAS VERÄNDERN

Veränderungen, die in einem beliebigen Teil der Erde auftreten, haben Auswirkungen auf den Rest der Welt. Wir können also die Lösungen von Schwierigkeiten nicht isoliert betrachten und angehen. Denn auch die Art und Weise, wie wir Probleme angehen, hat universelle Auswirkungen. Beim Angehen von Schwierigkeiten, die an irgendeinem Ort der Welt auftreten, müssen wir die Welt in ihrer Gesamtheit berücksichtigen. Hierzu benötigen wir eine wesentlich erweiterte Auffassungsgabe.

Die Weltbevölkerung hat gewaltig zugenommen. Zur

Zeit leben mehr als fünf Milliarden Menschen auf diesem Planeten. Wissenschaft und moderne Technologien sowie die oft damit verbundenen negativen Auswirkungen versetzen uns in die Lage, eine negative Veränderung und damit Bedrohung des ökologischen Gleichgewichts auf diesem Planeten herbeizuführen. Wir befinden uns in einer Zeit, in der ein Staat seine Aktivitäten nicht isoliert sehen darf, in einer Zeit, in der die Handlungen eines Staates Auswirkungen weit über seine Grenzen hinaus haben. Wir müssen also die universellen Konsequenzen unserer Vorgehensweise in unsere Entscheidungen miteinbeziehen. Wir müssen erkennen, daß wir Schwierigkeiten nur dann erfolgreich bewältigen können, wenn jeder einzelne von uns seine universelle Verantwortung erkennt und wahrnimmt.

Dabei können Sie leicht auf den Gedanken kommen, daß sich doch letztendlich nichts verändern wird, selbst dann nicht, wenn Sie fest entschlossen sind, etwas zu bewegen. Aber solange nicht jeder einzelne unter uns Initiative ergreift, werden die Wirkungen ausbleiben.

Ein Beispiel hierfür: Die Kraft eines einzelnen Fingers ist beschränkt. Nehmen wir jedoch unsere fünf Finger, also die ganze Hand, zusammen, dann können wir damit sehr viel tun. Ähnlich verhält es sich mit einem weiteren Beispiel: Stellen Sie sich eine Stadt voller herumliegender Abfälle vor. Wenn sich nun jeder Bürger dieser Stadt für ihre Sauberkeit verantwortlich fühlt, ist es einfach, die Stadt in kürzester Zeit von diesem Unrat zu befreien. Wenn jedoch jeder glaubt, daß er für die Sauberkeit der Stadt nicht verantwortlich ist, daß sich schon jemand darum kümmert, und wenn er dann auch noch selbst eifrig zur Verschmutzung beiträgt, dann wird diese Stadt niemals sauber werden. (Tibet und Buddhismus, 11–12)

AUSGEGLICHENHEIT UND NEUER FRIEDEN

In Sorge um das Wohlergehen der anderen müssen sie aus eigenem Interesse, aus innerer und aufrichtiger Zuneigung den anderen gegenüber handeln. Erst wenn Sie diese Voraussetzungen in sich tragen, können Sie spontan und effizient helfen. Sie müssen den inneren Wunsch und die aufrichtige Absicht spüren, Verantwortung für andere zu empfinden, sie bei der Verwirklichung ihrer Anliegen zu unterstützen. Nur so kann wirkliches Verantwortungsbewußtsein entstehen.

In einer solchen Form von Altruismus liegen die Wurzeln für innere Ausgeglichenheit und inneren Frieden. Der Wunsch, anderen zu helfen, muß in Ihnen vorhanden sein. Das sind die Grundlagen für ein angenehmes Zusammenleben innerhalb der Familie, in der Gesellschaft, im Staat und zwischen den Nationen. Altruismus bedeutet nicht, daß Sie stets Ihre eigenen Bedürfnisse zurückstellen sollen und ausschließlich das Wohlergehen Ihrer Mitmenschen vor Augen haben sollen. Das verlangt niemand von Ihnen. In der Theorie hört sich das ziemlich einfach an. In der Praxis ist es sicher schwer durchzuführen. Versuchen Sie einfach, die Gedanken, die Sie sich um sich selbst machen, auf andere auszudehnen.

Wir alle sind abhängig von der Gemeinschaft. Wir sind darauf angewiesen, daß andere uns mögen. Wir wünschen uns viele Freunde. Die finden Sie, wenn Sie eine positive Ausstrahlung auf andere haben. Mit einem verärgerten Gesicht, aus dem Abneigung oder Zorn spricht, machen Sie sich keine Freunde. Freunde werden Sie haben, wenn Sie Ihren Mitmenschen echte Zuneigung und Achtung entgegenbringen. Wenn Sie Ihren Mitmenschen mit fröhlichem und entspanntem Gesicht gegenübertreten. Denn dies erwarten Sie auch von Ihren Freunden. Solange Sie jedoch Abneigung und Haß in sich tragen, werden Sie völlig aussichtslos nach Freunden suchen.

An diesem Beispiel sehen Sie sehr deutlich, daß Sie selbst davon profitieren können, wenn Sie Ihren Mitmenschen positive Gefühle und Respekt entgegenbringen. Deshalb sage ich oft spaßeshalber: Wenn man unbedingt egoistisch sein muß, dann soll man wenigstens ein kluger und kein dummer Egoist sein.

Wir alle streben nach Frieden in der Welt. Wir haben erkannt, daß Frieden lebensnotwendig ist. Wir wissen, daß die Unruhen und die Leiden, die ein Krieg verursacht, unerwünscht sind. Aber dennoch werden immer wieder Kriege geführt. Deshalb gewinnt der Frieden immer größere Bedeutung. Insbesondere in einer Zeit, in der es so zerstörerische Waffensysteme wie zum Beispiel Nuklearwaffen gibt.

Wie aber kann Frieden erreicht werden? Nur dann, wenn im Geiste jedes einzelnen Frieden vorhanden ist. Dann wird es auf der ganzen Welt Frieden geben. Solange wir jedoch nur vom Frieden reden, solange wir in uns selbst Haßgefühle und Abneigung anderen gegenüber empfinden, solange ist jede Hoffnung auf Frieden in der ganzen Welt ausgeschlossen.

Frieden bedeutet nicht, auftretende Schwierigkeiten einfach zu ignorieren. Frieden bedeutet vielmehr, Schwierigkeiten zu erkennen und nach Lösungen zu suchen. Wir müssen die Voraussetzungen dafür schaffen, daß die Menschen, bei denen Probleme auftreten, sich untereinander helfen können, diese zu bewältigen. Wir müssen sowohl auf der Grundlage von Vertrauen und

Verständnis als auch auf der Grundlage von Respekt und Zuneigung reden und einander verstehen.

KRIEGE SIND UNZEITGEMÄSS

Bis zur Mitte dieses Jahrhunderts war die Auffassung weit verbreitet, Schwierigkeiten durch Kriege zu entscheiden. In der Zwischenzeit ist diese Meinung etwas aus der Mode gekommen. Der Mensch hat gelernt, daß Schwierigkeiten und Unstimmigkeiten nicht mit Waffen, insbesondere nicht mit Nuklearwaffen, aus dem Weg geräumt werden können. Der Mensch hat vielmehr gelernt, daß alle gemeinsam auf diesem Planeten leben müssen; wir müssen uns arrangieren und Konflikte durch Gespräche, Verhandlungen und Bemühungen des gegenseitigen Verstehens ausräumen. Ich glaube, die Entwicklungen der vergangenen Jahre zeigen, daß diese Verhaltensweisen zeitgemäßer sind.

Wenn wir einen Blick in die Vergangenheit, etwa in die sechziger Jahre werfen, kann man sagen, daß in dieser Zeit die Tibeter fast das einzige Volk waren, das seine Bestrebungen nach Freiheit und seine Bemühungen hinsichtlich der Wahrung der Menschenrechte gewaltfrei und friedlich durchgesetzt hat. Und betrachten wir die nahe Vergangenheit, dann sieht es so aus, als ob die Tibeter inzwischen sehr viel neue Freunde gewonnen hätten, die den gleichen Weg gehen.

Das verdeutlicht vielleicht, daß Gewaltlosigkeit, also Bemühungen, Konflikte friedlich zu lösen, der grundsätzlichen Natur des Menschen entsprechen. Konfliktlösungen unter Anwendung von Gewalt widersprechen der grundlegenden Natur des Menschen.

Der Mensch zeichnet sich durch seine hochentwikkelte Intelligenz aus. Er ist fähig, klare Überlegungen anzustellen. Wenn er diese einzigartige Fähigkeit dazu einsetzt, Konflikte gewaltlos, also durch den Einsatz seines Verstandes zu bewältigen, dann glaube ich, können wir von einer Zivilisation sprechen. Geschieht dies jedoch nicht, dann dürfen wir nicht von einer menschlichen Zivilisation sprechen.

Das 20. Jahrhundert neigt sich langsam seinem Ende zu. Wenn wir auf die letzten 100 Jahre zurückblicken, vor allem auf die nähere Vergangenheit, dürfen wir doch recht hoffnungsvoll in die Zukunft sehen.

(Tibet und Buddhismus, 12–13)

VIII

HEILENDE HINWENDUNG

DU BIST DEIN EIGENER MEISTER

Buddham śaraṇam gacchami
Dharmam śaraṇam gacchami
Saṁgham śaraṇam gacchami

„Ich nehme Zuflucht beim Buddha, dem Dharma und der Gemeinschaft." Die Melodie ist von der tibetischen verschieden, aber der Inhalt ist gleich und zeigt, daß wir alle Schüler desselben Meisters sind, des Buddha. Diejenigen, die diese Gebete singen, glauben an die buddhistischen Lehren, aber ich kann nicht sagen, daß der Buddhismus die beste Religion für jeden Menschen sei. So wie unterschiedliche Menschen auch an sehr verschiedenen Dingen Gefallen finden, sind auch die verschiedenen Religionen für unterschiedliche Menschen geeignet. Bei Krankheiten werden sehr verschiedene Heilmittel verordnet, und eine Medizin, die in einer Situation gut ist, kann in einer anderen ungeeignet sein. So kann ich vom Buddhismus nicht einfach sagen: „*Dieses* Heilmittel ist das beste."

Die buddhistischen Lehren sind nicht nur außerordentlich tiefsinnig, sondern auch sehr vielfältig. Es wird gesagt, Buddhismus sei keine Religion, sondern eine Wissenschaft vom Bewußtsein; manche behaupten sogar, daß Buddhisten Atheisten seien. Wie dem auch sei, der Buddhismus ist eine rationale, tiefe, wohldurchdachte Methode für das menschliche Leben. Er betont nicht das Äußerliche, sondern lehrt persönliche Verantwortung für die innere Entwicklung. Der Buddha lehrte: „Du bist dein eigener Meister, die Dinge hängen von dir ab. Ich bin ein Lehrer und kann dir wie der Arzt wirksame Heilmittel verabreichen, aber du mußt sie selbst einnehmen und dich um das Weitere kümmern."

Wer ist Buddha? Buddha ist ein Wesen, das vollkommene Reinigung des Bewußtseins, der Rede und des Leibes erlangt hat. In bestimmten Schriften gilt der Geist Buddhas, der Dharmakāya oder der Wahrheits-Körper, als der Buddha. Buddhas Rede oder innere Energie kann als Dharma verstanden werden, als die Lehre. Buddhas körperliche Form kann als Saṁgha, die spirituelle Gemeinschaft, verstanden werden. So sind wir wieder bei den drei Juwelen – Buddha, Lehre und geistige Gemeinschaft.

Ist solch ein Buddha verursacht, oder ist er ohne Ursache? Er ist verursacht. Ist Buddha von Dauer? Ist der individuelle Buddha Śākyamuni ewig? Nein. Ursprünglich war Buddha Śākyamuni ein gewöhnlicher Mensch, Siddhartha, von Verblendung geplagt und in schädliche Gedanken und Handlungen verstrickt – ein Mensch wie wir selbst. Mit Hilfe bestimmter Lehren jedoch ging er den Weg der Läuterung. Und schließlich wurde er erleuchtet.

Durch den gleichen kausalen Prozeß können auch wir zur vollkommenen Erleuchtung gelangen. Es gibt viele verschiedene Bewußtseinsebenen, die subtilste von allen ist die tiefe Ebene der Buddha-Natur; in ihr ruht der Same für die Buddhaschaft. Alle Wesen haben im Grunde ihrer selbst diese subtile Geistenergie. Durch die Praxis tiefer Meditation und tugendhaften Handelns kann sie allmählich in reine Buddhaschaft transformiert werden. Unsere Situation ist sehr hoffnungsvoll: Der Same der Befreiung liegt bereits in uns.

Um gute Schüler Buddhas zu sein, müssen wir vor allem heilende Hinwendung und Ehrlichkeit üben. Indem wir anderen gegenüber freundlich gesinnt sind, lernen wir, weniger selbstsüchtig zu sein; indem wir am Leid anderer Anteil nehmen, wird uns das Wohlergehen aller Wesen immer wichtiger. Dies ist die grundlegende Lehre. Um sie zu verwirklichen, üben wir tiefe Meditation und kultivieren Weisheit, und in dem Maße, wie sich die Weisheit in uns herausbildet, wird auch unser ethisches Bewußtsein zunehmen.

Der Buddha hat immer ein Gleichgewicht von Weisheit und heilender Hinwendung gepredigt, ein klarer Verstand und ein liebevolles Herz sollten zusammenarbeiten. Würden wir nur dem Intellekt Bedeutung beimessen und das Herz dabei vergessen, entstünden nur noch größere Probleme und Leiden in der Welt. Würden wir aber auf der anderen Seite nur das Herz sprechen lassen und den Verstand ignorieren, würde der Unterschied zwischen dem Menschlichen und dem Animalischen verwischt werden. Beide sind im Gleichgewicht zu entwickeln. Gelingt dies, wird es möglich sein, materiellen Fortschritt mit einer guten spirituellen Entwicklung zu verbinden. Sind Herz und Verstand in Harmonie, so wird eine wahrhaft friedvolle und freundliche Menschheitsfamilie heranwachsen. (Logik der Liebe, 58–59)

DAS LICHT IN JEDEM HERZEN

Die heutige Welt wird zusehends materialistischer. Die Menschheit nähert sich, getrieben von dem unersättlichen Verlangen nach Macht und ausgedehntem Besitz, dem Zenith äußerer Entwicklungsmöglichkeiten. In diesem vergeblichen Streben nach äußerer Vervollkommnung der Welt mit ihren relativen Werten entfernt man sich jedoch immer weiter von innerem Frieden und geistigem Glück. Wir alle können dies bezeugen. Denn wir alle werden in dieser furchtbaren Zeit der Massenvernichtungswaffen von unaufhörlichen Ängsten geplagt. Es wird immer dringlicher, daß wir das geistige und spirituelle Leben als die eigentliche stabile Grundlage für das Erlangen von wahrhaftem Glück und Frieden anerkennen.

Deshalb bete ich dafür, daß das kostbare Licht der Spiritualität für lange Zeit in dieser Welt weiterbestehen und die dunklen Schatten einer nur materialistischen Weltsicht aufhellen möge. Wir alle müssen den Willen stärken, große Anstrengungen auf uns zu nehmen, daß dieses Licht fest in unserem Herzen bewahrt wird und sich von dort in der Welt verbreiten kann. Nur so können die Herzen aller für seine heilende Kraft geöffnet werden. Wenn wir einen solchen Entschluß fassen, entgehen wir dem Weg der weltlichen Macht, da die heilende Kraft des Geistes auf natürliche Weise dem Weg des Geistigen nachfolgt. Diese heilende Kraft steckt nicht in den Steinen schöner Gebäude, nicht im Gold von Statuen, nicht in der Seide, aus der schöne Kleider geschneidert werden, und auch nicht in dem Papier der Heiligen Schriften, sondern sie ist in der unaussprechlichen Essenz des Geistes und der Herzensgüte der Menschen zu finden.

Wir sind frei in der Entscheidung, den Pfaden zu folgen, die die großen Lehrer uns zeigten, damit wir unser Denken und die Gefühle unseres Herzens reinigen und verfeinern können. Durch ernsthafte Übung im täglichen Leben wird man das gemeinsame Ziel aller Religionen erfüllen, ganz gleich, welcher Konfession man angehört. Und wenn der innere Glanz, der durch die spirituelle Übung erzeugt wurde, die Welt erhellt – wie es zu manchen Zeiten in der Vergangenheit geschehen ist – können die großen Nationen der Welt vom Erleuchtungsgeist mit seiner Liebe und Barmherzigkeit inspiriert werden. Vielleicht verringert sich dadurch ihre Besessenheit von dem vergeblichen Streben nach immer mehr Macht. Vielleicht werden sie ihre Zuflucht in den ethischen Grundsätzen der Religion suchen, diesem universellen Heilmittel, der unerschöpflichen Quelle geistiger Inspiration und Wandlung. (Yoga des Geistes, 101–102)

DIE GEISTIGE KRAFT DER RELIGION

Wir können als Vertreter sehr verschiedener Glaubensrichtungen zusammenarbeiten, wenn wir die Religionen als ein wesentliches Instrument betrachten, ein gütiges Herz, Liebe und Achtung für den Mitmenschen und ein echtes Gefühl der Zusammengehörigkeit und Verbundenheit aller Menschen zu entwickeln. Wesentliche Voraussetzung dafür ist, daß wir die subtilen Unterschiede in den metaphysischen Systemen, die ja nun wirklich in den internen Bereich einer jeden Religion gehören, ausklammern und uns nicht in der Diskussion komplizierter Detailfragen von Philosophie und Metaphysik verlieren, da dies zu einem unfruchtbaren Intellektualismus führen würde. Wir dürfen das eigentliche Anliegen von Religion nie aus dem Wege verlieren.

Obwohl sich die Welt heute zunehmend auf einem Weg in den Materialismus und der fortschreitenden Säkularisierung befindet, und obwohl in einigen Teilen der Welt Versuche unternommen worden sind, die religiösen Werte systematisch zu zerstören, ist die Mehrzahl der Menschen noch immer religiös. Dieser unvergängliche religiöse Glaube, der sogar in politischen Systemen, die den Glauben unterdrückten, nicht erloschen ist, zeugt von der geistigen Kraft der Religion. Und gerade deshalb spreche ich auch von der besonderen Verantwortung, die uns Vertretern der Religionen heute mehr denn je obliegt. (Die Verantwortung, 88)

EIN TRAUM KANN WIRKLICHKEIT WERDEN

Wir müssen heilende Hinwendung und Liebe fördern. Das ist unsere wahre Pflicht. Regierungen sind zu beschäftigt mit der Tagespolitik, um sich derartigen Anliegen zu widmen. Als Privatpersonen haben wir mehr Muße, in diesen Bahnen zu denken – wie wir in der menschlichen Gesellschaft zur Entwicklung von heilender Hingabe und wahrem Gemeinschaftssinn mitwirken können.

Zweifellos glauben Sie, daß ich von einem nicht praktizierbaren Traum spreche. Wir Menschen haben jedoch ein entwickeltes Gehirn und somit unendliche Potentiale. Wenn sogar wilde Tiere allmählich und mit Geduld gezähmt werden können, dann kann das menschliche Bewußtsein erst recht Schritt für Schritt trainiert werden. Wenn Sie meine Argumente geduldig überprüfen, können Sie diese Erkenntnis durch eigene Erfahrung nachvollziehen. Wenn jemand, der schnell ärgerlich wird, versucht, seinen oder ihren Ärger zu kontrollieren, dann kann er oder sie mit der Zeit tatsächlich dieses Ziel erreichen. Dasselbe gilt auch für eine überaus ichsüchtige Person. Zuerst muß dieser Mensch die Fehler einer ichbezogenen und den Nutzen einer weniger ichhaften

Motivation erkennen. Danach übt man, die schlechte Seite zu kontrollieren und die gute zu entwickeln. Mit der Zeit wird sich diese Praxis als überaus wirksam erweisen. Das ist die einzige Alternative.

Ohne Liebe ist die menschliche Gesellschaft in einem schlimmen Zustand. Ohne Liebe werden wir in der Zukunft schrecklichen Problemen gegenüberstehen müssen. Liebe ist die Mitte des menschlichen Lebens.

(Logik der Liebe, 95–96)

QUELLENVERZEICHNIS

Der Verfasser ist jeweils der XIV. Dalai Lama:

I ERINNERUNGEN – REFLEXIONEN – EREIGNISSE

Das Buch der Freiheit. Die Autobiographie des Nobelpreisträgers, Bergisch Gladbach: Gustav Lübbe 1990.
S. 1, 12, 13, 17, 25, 43, 74–75, 95–96, 105–106, 116, 146, 160, 177–178, 194, 217, 235–237, 249, 274–275, 288, 299–300, 302–303, 318, 321–322, 327–329.

II UNSER WUNSCH NACH GLÜCK

Yoga des Geistes. Hamburg: dharma-edition 1989 (dharma-edition im Tibetischen Zentrum e. V., Hermann-Balk-Str. 106, 2000 Hamburg 73), S. 77–78; 90–93.

III DIE LIEBE VOR ALLEM

Logik der Liebe. Aus den Lehren des Tibetischen Buddhismus für den Westen. München: Goldmann 1989. S. 35–36.

Danksagung zur Verleihung des Friedens-Nobelpreises; Rede anläßlich der Verleihung: Petra Kelly / Gert Bastian / Klemens Ludwig (Hg.): *Tibet klagt an.* Zur Lage in einem besetzten Land, Peter Hammer: Wuppertal 1990, S. 220.

IV LEIDEN MINDERN, GLÜCK FINDEN

Yoga des Geistes. Hamburg: dharma-edition 1989 (dharma-edition im Tibetischen Zentrum e. V., Hermann-Balk-Str. 106, 2000 Hamburg 73, S. 105–107; 109–110.

Das Auge einer neuen Achtsamkeit. München: Wilhelm Goldmann 1987, S. 36–39.

Logik der Liebe. Aus den Lehren des tibetischen Buddhismus für den Westen. München: Goldmann 1989, S. 38–39.

V DER WEG ZUR ERLEUCHTUNG

Yoga des Geistes. Hamburg: dharma-edition 1989 (dharma-edition im Tibetischen Zentrum e.V., Hermann-Balk-Str. 106, 2000 Hamburg 73), S. 28–33; 93–96.

Logik der Liebe. Aus den Lehren des tibetischen Buddhismus für den Westen. München: Goldmann 1989, S. 61–62; 63–66; 68–69.

Das Auge einer neuen Achtsamkeit. München: Wilhelm Goldmann 1987, S. 39–40; 41; 44.

VI DER SCHLÜSSEL ZUM WELTFRIEDEN

Ein menschlicher Weg zum Weltfrieden. Diamant Verlag Bender / Senn / Wetzel Jägerndorf 1 1/2 8382 Arnstorf, S. 3–5; 6; 7–8; 8–9; 10–11; 14–15; 23.

Yoga des Geistes. Hamburg: dharma-edition 1989 (dharma-edition im Tibetischen Zentrum e.V., Hermann-Balk-Str. 106, 2000 Hamburg 73), S. 81–82.

Die Verantwortung der Religionen für den Frieden. Eine buddhistische Perspektive, in: Dialog der Religionen, 1. Jg., Heft 1, S. 84. © His Holiness the Dalai Lama.

Danksagung zur Verleihung des Friedens-Nobelpreises; Rede anläßl. der Verleihung: Petra Kelly / Gert Bastian / Klemens Ludwig (Hg.): Tibet klagt an. Zur Lage in einem besetzten Land, Peter Hammer: Wuppertal 1990, S. 223–224.

Logik der Liebe. Aus den Lehren des tibetischen Buddhismus für den Westen, München: Goldmann 1989, S. 39–40; 89–92; 93.

VII ENTSCHLOSSEN ZUM FRIEDEN

Ein menschlicher Weg zum Weltfrieden. Diamant Verlag Bender / Senn / Wetzel Jägersdorf 1 1/2 8382 Arnstorf, S. 16–19.

Logik der Liebe. Aus den Lehren des tibetischen Buddhismus für den Westen. München: Goldmann 1989, S. 94.

in: Tibet und Buddhismus. Vierteljahresheft des Tibetischen Zentrums e.V. Hamburg, V. Jg. Nr. 16/1991 Heft 1, Tibetisches Zentrum e.V., Hamburg, Hermann-Balk-Str. 106, 2000 Hamburg 73, S. 11–12; 12–13.

VIII HEILENDE HINWENDUNG

Logik der Liebe. Aus den Lehren des tibetischen Buddhismus für den Westen. München: Goldmann 1989, S. 58–59; 95–96.

Yoga des Geistes. Hamburg: dharma-edition 1989 (dharma-edition im

Tibetischen Zentrum e. V., Hermann-Balk-Str. 106, 2000 Hamburg 73, S. 101–102.
Die Verantwortung der Religionen für den Frieden. Eine buddhistische Perspektive, in: Dialog der Religionen, 1. Jg., Heft 1, S. 88.

WEITERE LITERATURHINWEISE IN AUSWAHL

Levenson, Claude B.: Dalai Lama. Die autorisierte Biographie des Nobelpreisträgers, Zürich: Benziger 1990.

Dalai Lama: Mein Leben und mein Volk. Die Tragödie Tibets, München: Knaur 1962

ders.: Das Auge der Weisheit. Grundzüge des Buddhismus für den westlichen Leser, Bern München Wien: O. W. Barth 1975

Hopkins, Jeffrey (Hg.): The Dalai Lama at Harvard. Lectures on the Buddhist Path to Peace, Snow Lion Publications, Ithaca, New York USA, o. J.

Geshe Thubten Ngawang: Shamatha. Die Entfaltung geistiger Ruhe, Tibet. Zentrum Hamburg (2) 1989

ders.: Die Tugend der Geduld üben, Tibet. Zentrum Hamburg 1983

ders.: Tod, Bardo und Wiedergeburt, Tibet. Zentrum Hamburg 1985

Geshe Rabten: Essenz der Weisheit, Hamburg: dharma edition, Tibet. Zentrum Hermann-Balk-Str. 106, 2000 Hamburg 73.

ders.: Mahamudra, Zürich: Theseus 1979

Michael von Brück / Dalai Lama: Weisheit der Leere, Zürich: Benziger 1989

ders. / R. v. Brück: Ein Universum voller Gnade, Freiburg: Herder 1987

Tibet. Fotos P. Toutain, Text P. Joffroy, Berlin: Scheuble & Baumgartner 1987

H. Bechert / R. Gombrich: Die Welt des Buddhismus, München: C. H. Beck 1984

Gerd-Wolfgang Essen / Tsering Tashi Thingo: Die Götter des Himalaya. Buddhistische Kunst Tibets, Sammlung G. W. Essen; mit einem Geleitwort von S. H. dem Dalai Lama; Einführung v. Roger Goepper; Photographie v. Hans Meyer-Veden; 2 Bde.: Tafelband und Bestandskatalog; München: Prestel 1989

Schumann, H. W.: Buddhistische Bilderwelt. Ein ikonographisches Handbuch des Mahayana- und Tantrayana-Buddhismus, Köln: Diederichs 1986

Einige Adressen, entnommen aus: Tibet klagt an, hrg. v. Kelly / Bastian / Ludwig (umfassende Adressen-Liste s. dort S. 247–250):

Deutsch-Tibetische Kulturgesellschaft e. V., z. Hd. Herrn Tsewang Norbu, Paracelsusstraße 61, 5300 Bonn 2 (Bad Godesberg). Tagungen, Vorträge über die tibetische Kultur.

Deutsche Tibethilfe e. V. (Hamburg / München) Geschäftsstelle München, Frau Irmtraud Wäger, Mauthäuslstraße 9, 8000 München 70. Informationen, Kunsthandwerk; Caritative Maßnahmen.

Verein der Tibeter in Deutschland e. V., Postfach 2531, 5300 Bonn 1.

Tibet Initiative Deutschland e. V. (TID), zentral: Postfach 2531, 5300 Bonn 1. Regionalgruppen in mehreren Städten. Aktuelle Informationen, Aktivitäten zur Aufklärung der Gesellschaft über die Geschehnisse in Tibet, Informationen an die Politiker.

Tibetisches Zentrum e. V., Hermann-Balk-Straße 106, 2000 Hamburg 73. Studien- und Meditationszentrum, geleitet von Lama Geshe Thubten Ngawang; umfangreiche Bibliothek und Informationsmöglichkeiten.

Rabten Choeling, Zentrum für höhere tibetische Studien, CH-1801 Le Mont Pèlerin.

Klösterliches Tibet-Institut Rikon, CH-8484 Rikon / ZH (Geistliches und kulturelles Zentrum der Tibeter in der Schweiz).

W. Meier

Harry Pross
Buch der Freundschaft
Band 4044

Auf der Suche nach einer „Kultur der Freundschaft" heute. Ein Buch voll Esprit.

Antoine de Saint-Exupéry
Briefe an Rinette
Poesie einer Liebe
Band 4076

Vom Charme eines Gefühls, das das Leben verzaubert, erzählen die Briefe des jungen Antoine. Wundervoll als Geschenk.

Antoine de Saint-Exupéry
Briefe an seine Mutter
Botschaften eines großen Herzens
Band 4007

Zeugnisse der Sensibilität einer großen Seele und der tiefen Sehnsucht nach Verbundenheit.

José Luis Sampedro
Das etruskische Lächeln
Roman
Band 4022

Erst wenn man wirklich gelebt hat, überdauert das Lächeln auch den Tod.

Thomas Schäfer
Mein allerliebstes Haselnüßchen, ich muß dich knacken
Mann und Frau im Märchen
Band 4083

Eine Entdeckungsreise in die Welt vertrauter Geschichten – und zu den märchenhaften Möglichkeiten der Partnerschaft.

HERDER / SPEKTRUM

Annemarie Schimmel
Die orientalische Katze
Mystik und Poesie des Orients
Band 4033

Die berühmte Orientalistin zeigt hier, wie die Poeten und Weisen des Ostens die Katze, dieses geheimnisvolle Tier, verstanden.

Lew Tolstoj
Zeiten des Erwachens
Band 4017

Prosa wie Paukenschläge von einem atemberaubend modernen Kenner der menschlichen Seele. Eine Art „Tolstoj-Bibel".

Rudolf Walter
Das Glück liegt auf der Hand
ABC der Lebensfreuden
Band 4021

Über hundert kleine Dinge, die des Menschen Herz erfreuen. Frisch und pointiert erzählt von bekannten Autorinnen und Autoren.

Elie Wiesel
Den Frieden feiern
Mit einer Vorrede von Václav Havel
Band 4019

„Wir kennen den Preis, den man für Kriege bezahlt. Welchen Preis darf man für den Frieden bezahlen?"

Elie Wiesel
Der fünfte Sohn
Roman
Band 4069

Die Geschichte des Juden Reuven Tamiroff, der 30 Jahre lang fälschlich glaubte, den Mörder seines Sohnes gerächt zu haben.